THiNK

INTERIORS BY
Swimberghe & Verlinde

THiNK
ECLECTIC

LANNOO

Eclectic Mix

INTRODUCTION

Piet Swimberghe and Jan Verlinde

"Mixing is not
only allowed: <u>it is a must</u>."

EN

Don't throw anything away! This seems to be the new motto for the modern interior designer. Until recently, it was trendy to do away with everything that seemed superfluous, including keepsakes or heirlooms. To create a stylish interior, you had to begin with a clean slate. Everything that didn't match the style was considered dead weight. We know the result: sharp, cold interiors.

The vintage hype brought chaos into this cleanliness. Not so much through streamlined, robust Scandinavian furniture, but primarily through the designs of Italian masters such as Fornasetti and Ponti who were much more frivolous. Today, we are back to eclectic interiors happily filled with unique findings. You simply stow them with your favorite objects, considering only the value that they have for you. Treasures discovered at garage sales, secondhand stores, or thrift stores can be guiltlessly displayed next to a very expensive designer piece. Mixing is not only allowed: it is a must. Silver and gold accents are also part of this trend. Dress your table with plates from different sets, or hang a brass chandelier from the ceiling.

In this book, you will also discover how color and baroque hangings or paintings can trigger joyful surprises. Colors and adornments are back. You only leave walls in white if the decor is sufficiently busy. Many interiors featured in this book exude striking intimacy. Some residents prefer small rooms with dark walls and soft, discreet light. Not everyone still dreams of large bay windows or interiors that overlap with the outside. You can separate rooms again. Privacy is important, maybe as a reaction to the digital world that enters everywhere and challenges our privacy.

The inhabitants of interiors featured in this book predict that this trend will expand and become richer, and even that antiques will be back in fashion. Not the brown interiors of yesteryear, but styles that mix antiques with modern accents. Antique oriental rugs are particularly trendy. Even a weathered look is back in demand, combined with raw walls and a wooden table. Eclectic interiors are not only about artwork: they also include exotic accents. Here and there, you will see a parrot or a pineapple lamp. To create a relaxing atmosphere, you can season your decoration with a few kitsch elements. Of course, vintage design also belongs to this trend; however, we're not talking about the predictable objects that you see everywhere.

To find the interiors in this book, we travelled from Amsterdam and Brussels to Paris and discovered a collection of creations full of surprises and variety. This book shows the current trend, full of subtle variations. And this: all these interiors are inhabited: they are no anonymous storefronts. Moreover, most inhabitants are either collectors or designers, which makes this book a true mirror of these creative times.

NL

Gooi niets weg! Dit lijkt wel het nieuwe credo van de hedendaagse interieurontwerper. Tot voor enkele jaren was het bon ton om al wat overdadig leek buiten te bonjouren. Voor souvenirs of erfstukjes was geen plaats. Om een stijlvol interieur in te richten moest je van een wit blad vertrekken. Al wat niet bij de stijl paste, was ballast. Het resultaat kennen we: strakke en koele interieurs.

De vintagehype bracht weer wat leven in de brouwerij. Niet zozeer via de gestroomlijnde en robuuste ontwerpen uit Scandinavië, maar vooral via het design van Italiaanse grootmeesters als Fornasetti en Ponti, die zoveel frivoler zijn. Nu zijn we eindelijk weer toe aan eclectische interieurs vol heerlijke trouvailles. Je stouwt ze gewoon zonder complexen vol en hoeft geen rekening te houden met de waarde van je vondsten. Wat je op een garage sale, bij de kringloopwinkel of Emmaüs op de kop tikt, zet je gewoon naast een stuk peperdure design. Stijlen mengen mag en moet zelfs weer. En daar horen gouden of zilveren accenten bij. Dek de tafel met borden van verschillende serviezen of hang een koperen lichtkroon aan de zoldering.

In dit boek vind je ook verrassend veel kleur en wanden met barokke behangsels of schilderingen. Kleuren en ornamenten zijn terug. Je kiest enkel voor witte wanden, als de aankleding druk genoeg is. Veel interieurs in dit boek stralen opvallend veel intimiteit uit. Sommige bewoners verkiezen kleine vertrekken met donkere wanden, zonder overdreven lichtinval. Niet iedereen droomt nog van grote raampartijen of interieurs waarvan interieur en exterieur gewoon in elkaar overlopen. Je mag de kamers weer van elkaar scheiden. De intimiteit wordt belangrijk en is misschien toch een beetje een reactie op de digitale wereld die overal naar binnen glipt en de grenzen van onze privacy aantast.

De bewoners van de interieurs in dit boek voorspellen bovendien dat de trend straks nog rijker wordt, sommigen menen dat ook antiek weer in wordt. Niet de bruine interieurs van vroeger, maar gemengd met hedendaagse accenten. Vooral antieke oosterse karpetten zijn in. Zelfs de verweerde look is weer gewild, met een ruwe muur of een houten tafel. Bij eclectische interieurs horen niet alleen kunstwerken, maar ook exotische accenten. Hier en daar ontdek je een papegaai of een ananaslamp. Om een ontspannen sfeer te scheppen kruid je de decoratie best met wat kitsch. Natuurlijk hoort er ook wat vintagedesign bij, maar niet langer de voorspelbare ontwerpen die je overal ziet.

Voor de interieurs van dit boek reisden we van Amsterdam en Brussel naar Parijs om een verzameling interieurs vol verrassingen en verscheidenheid te laten zien. Dit boek toont de actuele trend die vol subtiele variatie zit. Nog dit: al deze interieurs worden bewoond, het zijn geen anonieme etalages. Bovendien zijn de meeste bewoners ofwel collectioneur of ontwerper, wat het boek echt tot een spiegel van deze creatieve tijd maakt.

FR

Ne jetez rien ! Tel semble être le nouveau credo du décorateur d'intérieur contemporain. Il y a quelques années encore, il était de bon ton de se débarrasser de tout ce qui semblait superflu, c'est-à-dire tous les souvenirs et petits héritages. Pour créer un intérieur digne de ce nom, il fallait repartir à zéro. Tout ce qui ne cadrait pas dans le style était considéré comme encombrant. Le résultat est bien connu : des intérieurs austères et froids.

Le chaos s'installa quelque peu via la rage du vintage. Pas tellement par le biais des créations aérodynamiques et robustes en provenance de Scandinavie, mais via le design des grands maîtres italiens tels que Fornasetti et Ponti, qui sont tellement plus frivoles. Nous sommes enfin revenus aux intérieurs éclectiques qui se contentent de trouvailles. Vous les entassez sans complexe en tenant à peine compte de leur valeur. Vous placez tout simplement ce que vous avez trouvé dans une vente-débarras ou une boutique Emmaüs à côté d'un objet design hors de prix. On peut, il faut mélanger. Les accents dorés ou argentés sont également de mise. Dressez la table avec des assiettes de services différents ou pendez un lustre en cuivre au plafond.

On découvre dans cet ouvrage beaucoup de couleurs et des murs aux tapisseries ou peintures baroques. Les couleurs et ornements sont de retour. On n'optera pour les murs blancs que si la décoration est suffisamment fournie. De nombreux intérieurs dans ce livre débordent d'intimité. Certains occupants préfèrent les petites pièces aux murs sombres, sans excès de lumière. Tout le monde ne rêve pas de grandes baies vitrées ou d'intérieurs où l'intérieur et l'extérieur se confondent. On peut à nouveau séparer les pièces. L'intimité a retrouvé de l'importance ; c'est peut-être un peu une réaction au monde digital qui s'insinue partout et qui met notre vie privée en péril.

Les habitants des intérieurs de ce livre prévoient même que la tendance pourrait encore s'intensifier et certains estiment aussi que les antiquités seront de nouveau à la mode. Non pas les intérieurs bruns de jadis, mais mélangés à des accents contemporains. Ce sont principalement les tapis orientaux antiques qui sont tendance. On apprécie même le look vieillot avec un mur brut ou une table en bois. Les intérieurs éclectiques ne se limitent pas à des œuvres d'art mais comprennent aussi des accents exotiques. Vous rencontrez de-ci de-là un perroquet ou une lampe ananas. Pour créer une atmosphère détendue, vous agrémentez de préférence la décoration d'un peu de kitsch. Il convient d'y ajouter aussi un peu de design vintage, mais pas celui qui est le plus prévisible et le plus courant dans le domaine.

Pour les intérieurs de cet ouvrage, nous avons voyagé d'Amsterdam et de Bruxelles à Paris afin de vous présenter une collection d'intérieurs pleins de surprises et de diversité. Ce livre présente la tendance actuelle, qui déborde de variations subtiles. Une chose encore : tous ces intérieurs sont habités et ne sont pas des étalages anonymes. De plus, la plupart des occupants sont soit collectionneur, soit créateur, ce qui fait de ce livre un miroir de cette époque créative.

THiNK ECLECTIC

p. 08
Studio Boot
WUNDERKAMMER

p. 20
Industrial Building
BLACK & WHITE

p. 28
Mahdavimania
BOHO-CHIC-ROCK

p. 40
Dolce Italia
JEWELS

p. 48
Eccentricities
ROOIGEM

p. 58
Sculptures
THE COLLECTOR

p. 66
Art & Design
STARCK, SOTTSASS & CO

p. 76
Film Decor
ARTISTIC ADVENTURE

p. 86
Multicultural
ABSTRACT PAINTINGS

p. 98
Apartment
STYLEMEISTER

p. 106
More than just a house
MAISON DE MAÎTRE

p. 116
Pop-Art revisited
WITH MONDRIAN

p. 126
Paris
`OOSHOT`

p. 136
Countryside
`ANTIQUES & DESIGN`

p. 144
Minerva
`ON THE ROOF`

p. 152
Ampersand House
`THE SWEDISH TOUCH`

p. 162
Lighthouse
`AMSTERDAM`

p. 174
Eccentric Rotterdam
`BAROQUE PEARLS`

p. 182
Interbellum
`BRICKS & CLAY`

p. 192
Rug-mania
`TROUVAILLES`

p. 200
Orange fever
`JUNGLE LOFT`

THINK ECLECTIC

Studio Boot WUNDERKAMMER

This is not a true *Wunderkammer*, however, this surprising interior in a 1928 Opel garage in Den Bosch reminds one of a curiosity cabinet, particularly with this architecture. You walk in through a crisscross of gates and doors, and everywhere there are see-through windows that open up to further perspectives. This is the living and working space of Edwin Vollebergh and Petra Janssens who have set up their graphic atelier Studio Boot here. This place exudes intense dynamics with its strong graphic decor. The highlight is of course an immense wall with doors and windows, in the middle of the room, that they built together with renowned Dutch designer Piet Hein Eek. Den Bosch is actually located at a stone's throw from Eindhoven, home of the famous Design Academy where Petra actually taught for some time. Among their circle of friends, there are many designers who have studios in and around the cities of Tilburg, Den Bosch, and Eindhoven. Because of the combination of art and design, this area looks like a contemporary version of the home of the Bloomsbury group in Charleston near London. The multitude of great finds and the apparent artistic chaos create such a special atmosphere that again does not look Dutch at all, even though it is. Petra and Edwin are also fond of discoveries and souvenirs. Their latest acquisition is one of the largest capital armoires of the Golden Age, a relic discovered in a famous castle, which ended up here through a local auction house. Coincidence remains inspiring.

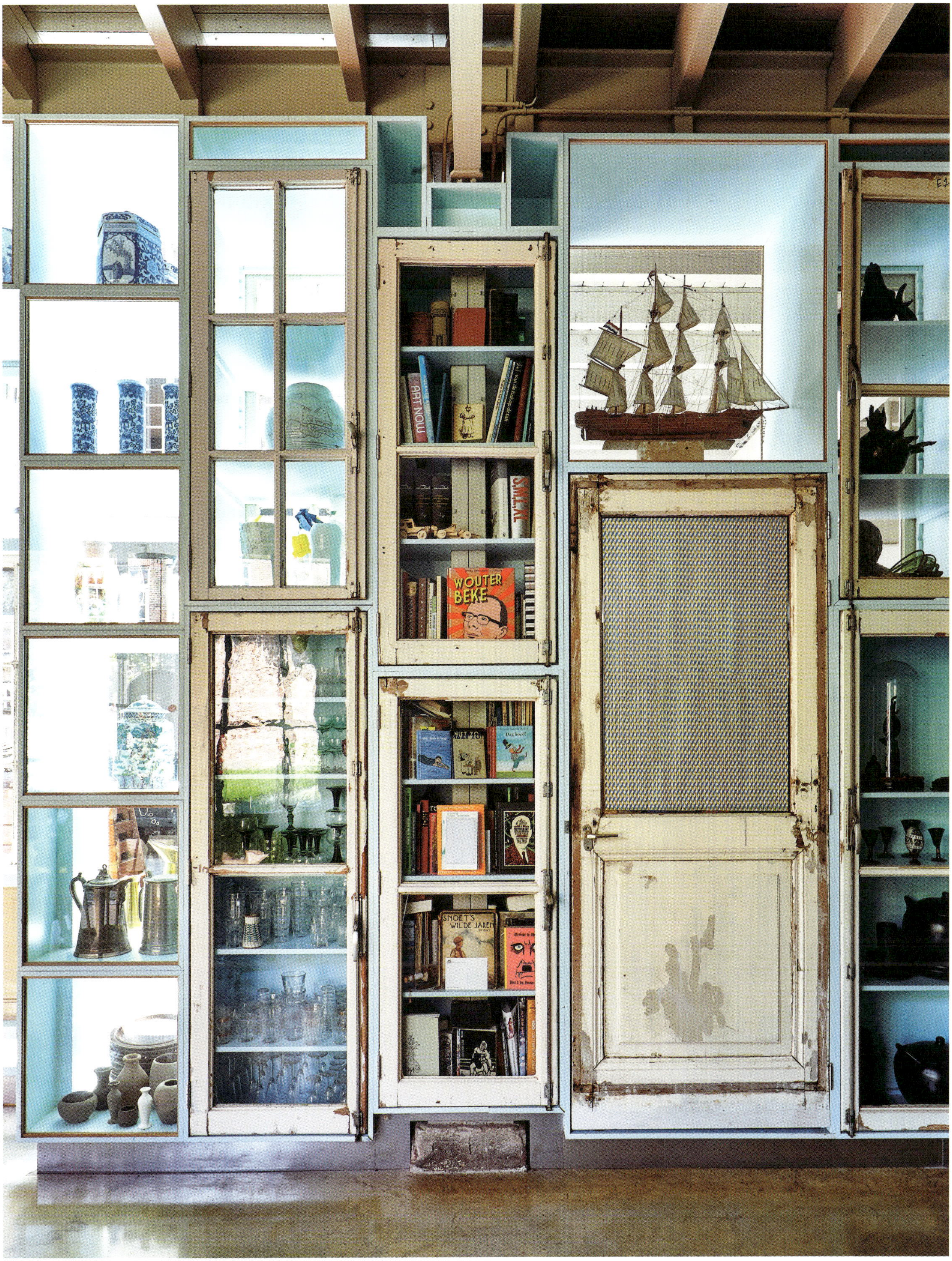
ART NOW
WOUTER BEKE
SNOET'S WILDE JAREN

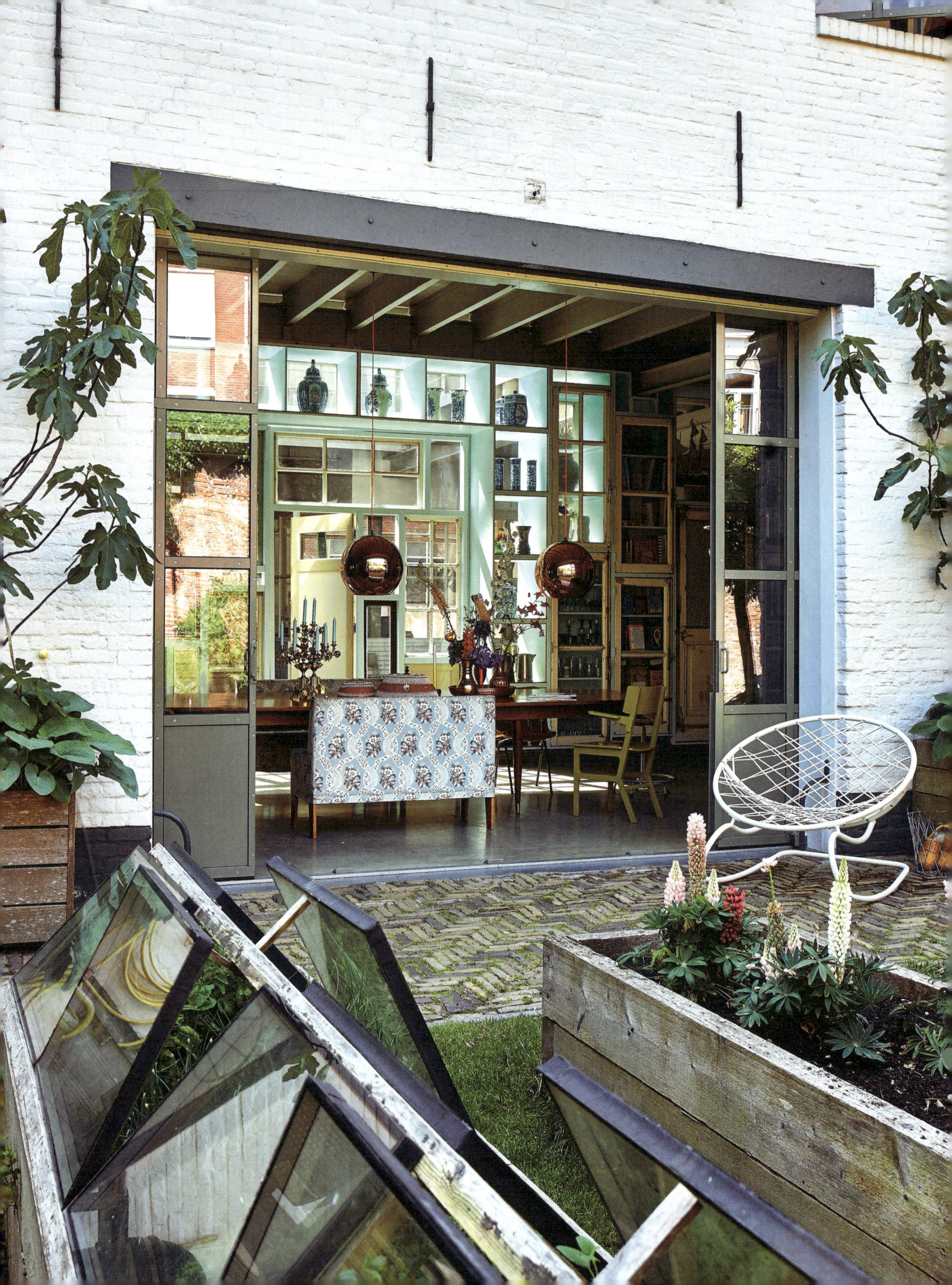

EN

In this former pre-war garage in Den Bosch, you suddenly enter a modern art room with surprising architecture. The open space is divided by a gigantic cabinet with doors and windows: a creation by Studio Boot and Piet Hein Eek. Recycled materials enhance a casual studio atmosphere. The wall features some interesting finds, including Delft earthenware. Behind the wall, you will discover living spaces, including a kitchen-dining room always ready to welcome friends.

NL

In deze voormalige vooroorlogse garage in Den Bosch bots je op een hedendaagse kunstkamer met een verrassende architectuur. De open ruimte wordt opgedeeld door een enorme wandkast met deuren en vensters, een creatie van Studio Boot en Piet Hein Eek. De recuperatiematerialen versterken de nonchalante ateliersfeer. In deze wand worden leuke vondsten getoond, zelfs wat Delfts aardewerk. Achter de wand ontdek je leefruimtes, zoals de keuken-eetkamer die steeds klaarstaat om vrienden te ontvangen.

FR

Dans cet ancien garage d'avant-guerre à Den Bosch, vous trouvez une salle d'art contemporaine à l'architecture surprenante. L'espace est divisé par une énorme armoire murale avec portes et fenêtres, une création de Studio Boot et Piet Hein Eek. Les matériaux de récupération renforcent l'atmosphère nonchalante d'un atelier. De belles trouvailles sont exposées dans cette paroi, dont de la faïence de Delft. Derrière la paroi, vous découvrez les salles de séjour telles que la cuisine-living qui est toujours prête à accueillir des amis.

NL Een echte Wunderkammer is dit niet, maar toch heeft dit verrassende interieur in een oude Opelgarage uit 1928 in Den Bosch iets van een *cabinet de curiosité*, alleen al door de architectuur. Je loopt erdoor via een wirwar van poorten en deuren, en overal zijn er doorkijkvensters die weer andere perspectieven bieden. Dit is de woon- en werkschuit van Edwin Vollebergh en Petra Janssen die hier hun grafische atelier Studio Boot hebben. Deze plek straalt een intense dynamiek uit, door het sterke grafische decor. Het orgelpunt is de immense wand met deuren en vensters, midden in de ruimte, die ze samen met de vermaarde Nederlandse designer Piet Hein Eek hebben gebouwd. Den Bosch ligt op een steenworp van Eindhoven met zijn beroemde Design Academy, waar Petra trouwens een hele tijd les heeft gegeven. In hun vriendenkring hebben ze heel wat designers die hun ateliers hebben in en rond de steden Tilburg, Den Bosch en Eindhoven. Door de combinatie van kunst en design lijkt dit pand een hedendaagse versie van het huis van de Bloomsbury groep te Charleston nabij Londen. De veelheid aan trouvailles en de schijnbare, artistieke chaos zorgt voor een heel aparte sfeer die helemaal niet Nederlands oogt, maar het toch is. Petra en Edwin zijn ook tuk op vondsten en souvenirs. Hun laatste aanwinst is een van de grootste kapiteelkasten uit de Gouden Eeuw, een relikwie uit een beroemd kasteel, die hier via het lokale veilinghuis terechtkwam. Het toeval blijft inspirerend.

FR Même s'il ne s'agit pas vraiment d'une *Wunderkammer*, cet intérieur surprenant aménagé dans un ancien garage Opel de 1928 à Den Bosch a quelque chose d'un cabinet de curiosités, ne fût-ce que par son architecture. Vous le traversez par un enchevêtrement de portes et, partout, vous découvrez des échappées qui offrent de nouvelles perspectives. Il s'agit de la résidence et cabinet de travail d'Edwin Vollenbergh et de Petra Janssen qui y ont installé leur atelier graphique Studio Boot. L'endroit respire le dynamisme grâce au décor graphique très puissant. Le point d'orgue est l'immense paroi percée de portes et fenêtres qui se dresse au beau milieu de l'espace et qu'ils ont construite avec la collaboration du célèbre designer Piet Hein Eek. Den Bosch se trouve à un jet de pierre d'Eindhoven et de sa célèbre Design Academy où Petra a donné cours pendant de nombreuses années. Leur cercle d'amis compte plusieurs stylistes qui ont installé leur atelier à Tilburg, Den Bosch et Eindhoven, ou dans les environs. Du fait de cette combinaison de art y design, leur propriété ressemble à une version contemporaine de la maison du Groupe de Bloomsbury à Charleston près de Londres. La multitude d'objets et l'agencement artistique, apparemment chaotique, crée une atmosphère toute particulière qui n'a rien de néerlandais, mais qui l'est pourtant. Petra et Edwin s'enorgueillissent aussi de nombreuses trouvailles et souvenirs. Leur dernière acquisition est une grande armoire à chapiteau datant du Siècle d'Or, une relique en provenance d'un célèbre château qu'ils ont dénichée dans une maison de vente aux enchères locale. Le hasard inspire.

Studio Boot

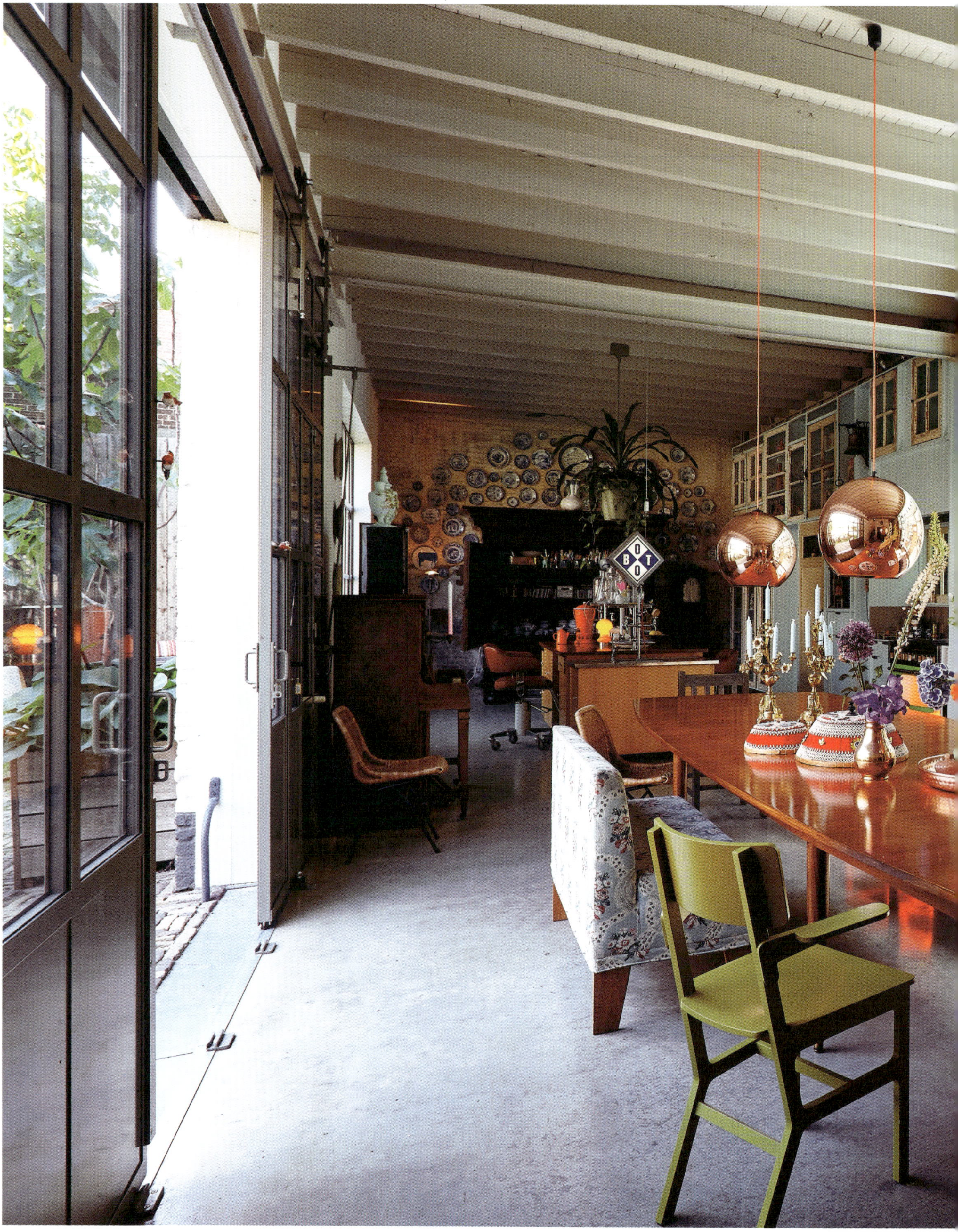
B
O
T
O

Studio Boot

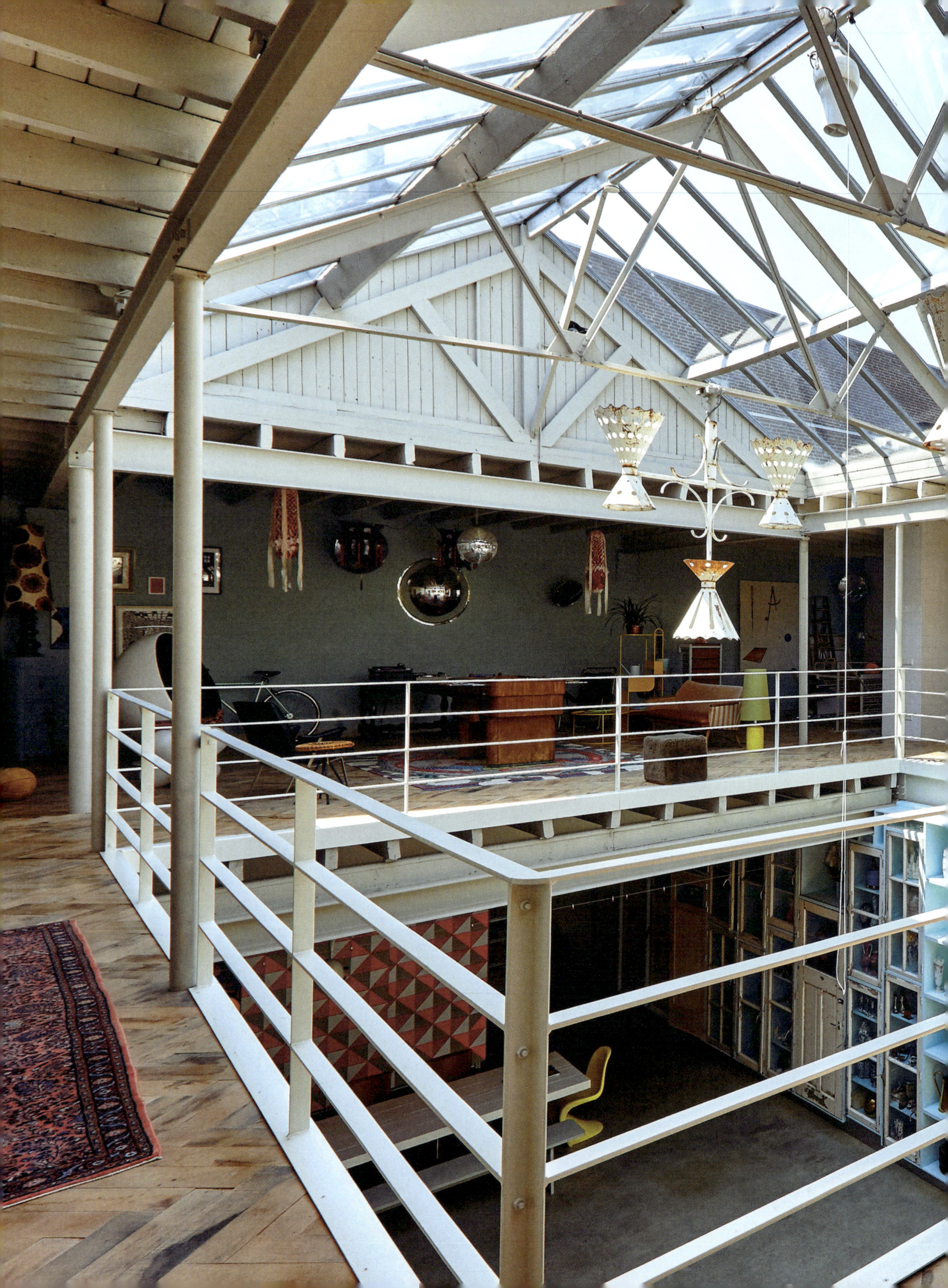

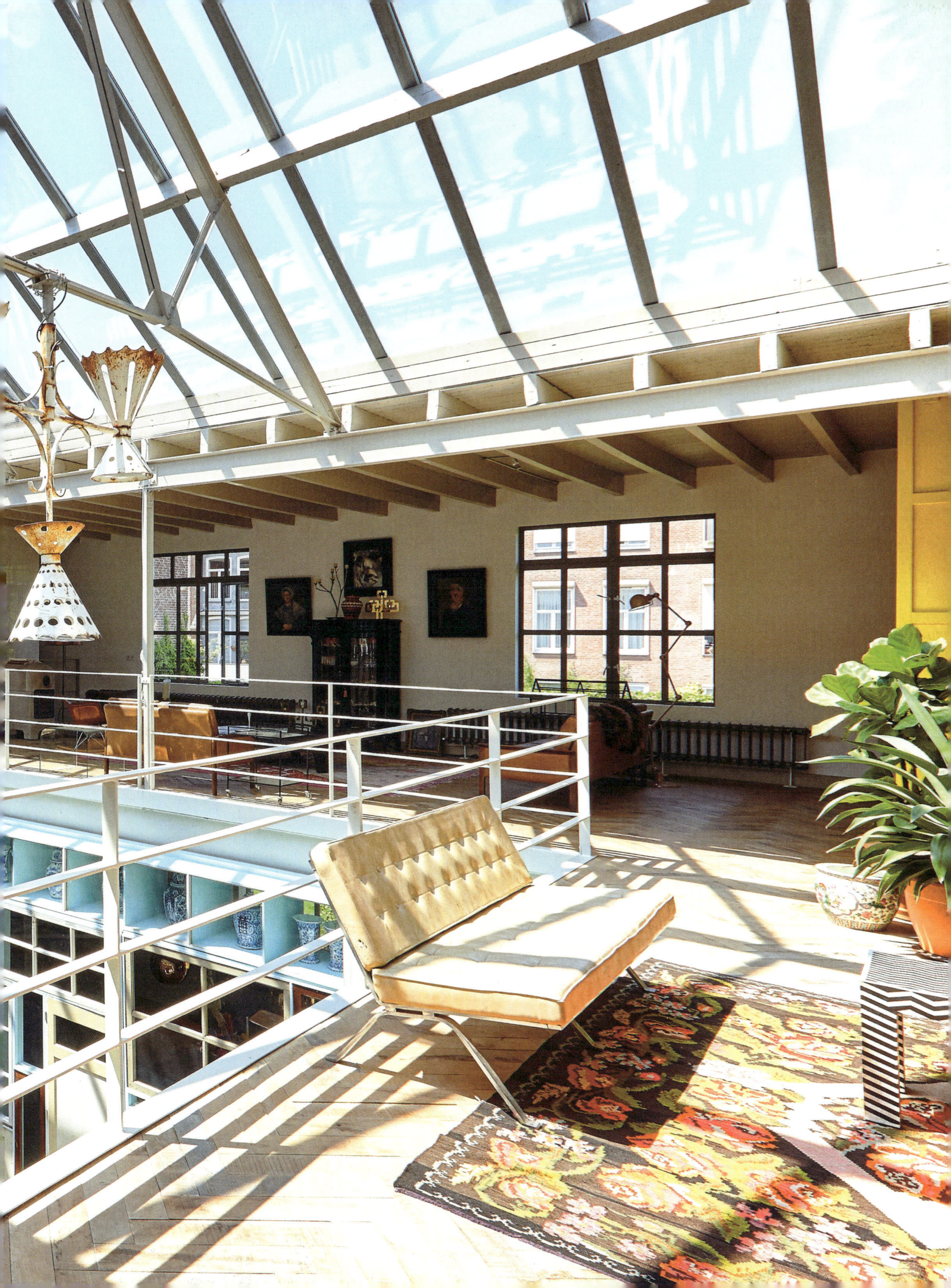

EN
The centre of the building features a lovely patio where you can enjoy the architecture of the former garage. Upstairs, more sitting areas in various styles display fun, kitsch, even high-priced vintage items. With its unique style and casual atmosphere, this interior is well worth a discovery journey. Don't miss the amusing cooking area tucked into a sort of façade wall. At the very back of the dining area is a majestic display cabinet from the Golden Age.

NL
Midden in het gebouw is een heerlijke patio waar je geniet van de architectuur van de voormalige garage. Boven ontdek je meer zithoeken in diverse stijlen, waarin je zowel leuke kitsch als waardevolle vintage ziet. Niet alleen de stijl, ook de ongedwongen sfeer maken van dit interieur een ontdekkingstocht. Bekijk hoe grappig de kookhoek verstopt zit in een soort gevelwand. Helemaal achteraan in de eethoek staat een majestueuze pronkkast uit de Gouden Eeuw.

FR
Au milieu du bâtiment, il y a un magnifique patio où vous pouvez apprécier l'architecture de l'ancien garage. À l'étage, vous découvrez entre autres des salons de styles divers où vous trouvez tout à la fois du kitsch amusant et du vintage de valeur. Cet intérieur mérite certainement le détour, non seulement pour le style, mais aussi pour l'atmosphère détendue qui y règne. Le coin cuisine se cache de manière très amusante dans une sorte de paroi de façade. Tout à l'arrière du coin à manger se dresse une majestueuse armoire d'apparat du Siècle d'Or.

Studio Boot

Studio Boot

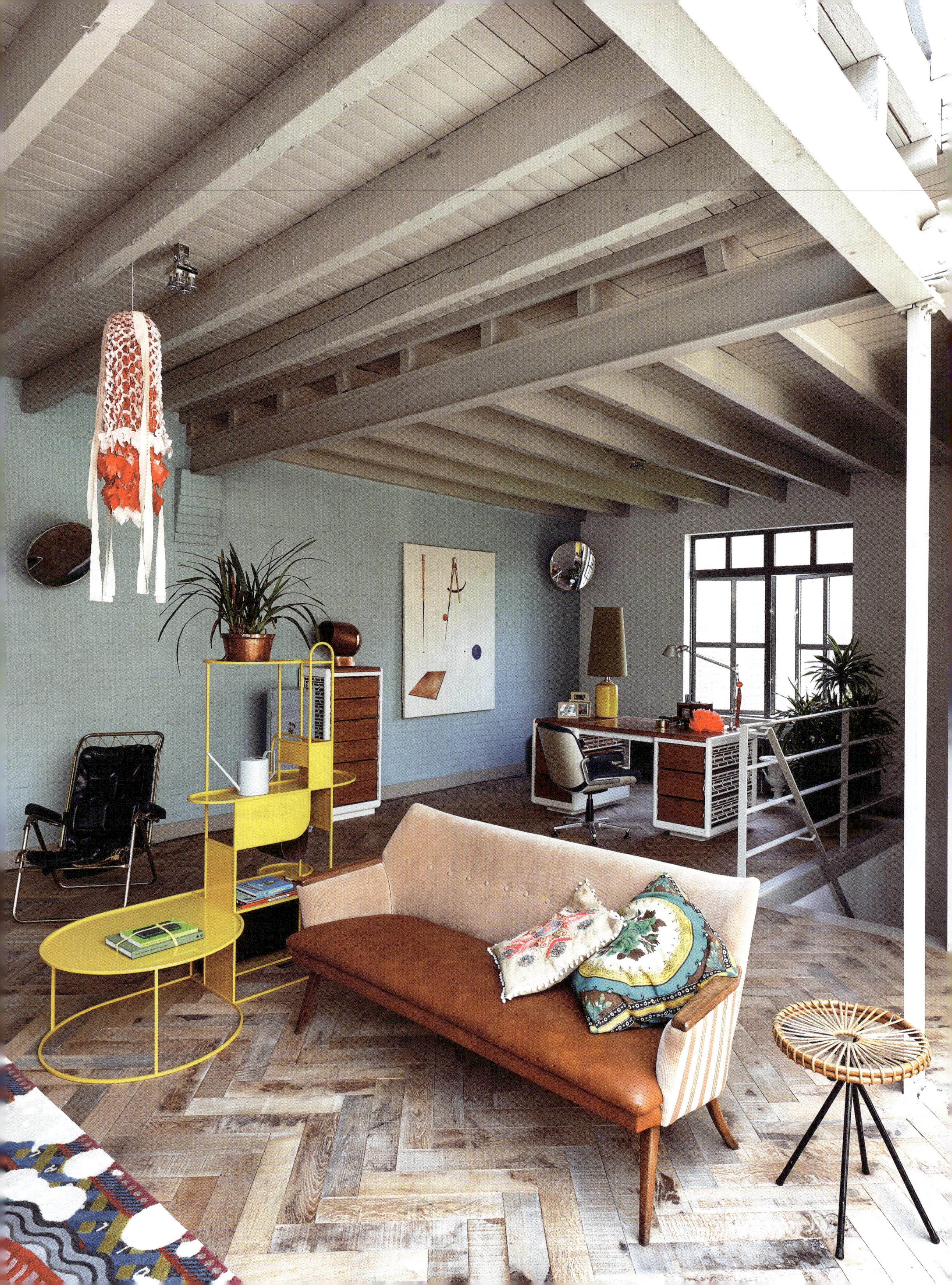

EN
You immediately feel that this interior is the result of years of bargain hunting. The owners spent a lot of time searching for original, unusual objects and furniture. You will recognize designs inspired by De Stijl as well as by the Fifties. There are audacious combinations of materials, colours, and styles that 'make' this decor. This could be easily considered a contemporary art exhibit.

NL
Je voelt meteen dat dit interieur het resultaat is van jarenlang sprokkelwerk. De bewoners stopten heel wat tijd in hun zoektocht naar originele en ongewone meubels en objecten. Je herkent zowel design à la De Stijl als uit de fifties. Het zijn de gedurfde combinaties van materialen, kleuren en stijlen die dit interieur 'maken'. Beschouw dit gerust als een hedendaagse kunstinstallatie.

FR
On remarque aussitôt que cet intérieur est le résultat de nombreuses années de recherches. Les occupants ont passé beaucoup de temps à chercher des meubles et objets originaux et insolites. Vous reconnaissez aussi bien du design à la De Stijl ou des années 1950. Ce sont les combinaisons osées de matériaux, de couleurs et de styles qui « façonnent » cet intérieur. On peut sans hésiter le qualifier d'installation artistique contemporaine.

THiNK ECLECTIC

Industrial Building   BLACK & WHITE

This is undoubtedly one of the book's most minimalist interiors ; yet, this home has a decidedly eclectic flair. Of course, the slick look comes from simple, functional architecture. The residents have extended the old warehouse of a former flower nursery with an industrial steel structure and concrete floors. Moreover, a floating terrace with a pontoon, fished out of a marina, gives the place a nautical accent. Visual artist Christo° and his wife Lieve are avid sailors. The new rear building, on the garden side, is sitting on stilts so as to lighten the entire structure. The interior was created in collaboration with interior designer Marc Thoen. Among other works, he designed the black kitchen. The residents are passionate collectors who love vintage and unusual objects, such as old advertising letters. They are also globetrotters who periodically travel the world with a backpack. This immediately explains something about this home: it is nonchalant and still perfect with a minimal means. The interior also reflects their mobility. However, this by no means represents a permanent anchor place for them; that much is certain.

Industrial Building

Industrial Building

EN
What can be created with a loft is always surprising. This one used to be the warehouse of a former flower nursery that was divided in two. You enter the home through Christo°'s workshop, an area that still looks industrial, with raw walls and storage for materials and artwork. It is the most artistic space. In the back, you enter the actual home that seems to float on a pontoon, a token of the inhabitants' love of sailing.

NL
Het blijft verrassend om te zien wat je allemaal kunt aanvangen met een loft. Hier gaat het om de loods van een voormalige bloemkwekerij die in tweeën werd gedeeld. Je betreedt de woning via het atelier van Christo°, dat met zijn ruwe muren en opgeslagen goederen en kunstwerken helemaal in de industriële sfeer zit. Dat is de meest artistieke ruimte. Daarachter kom je in de eigenlijke woning die op een ponton lijkt te drijven, de bewoners zijn fervente zeilers.

FR
Il est surprenant de voir tout ce qu'on peut faire d'un loft. Il s'agit ici de l'entrepôt d'une ancienne entreprise horticole qui a été divisé en deux. On entre dans la maison par l'atelier de Christo° qui, avec ses murs bruts, ses marchandises entreposées et ses œuvres d'art, reste dans la sphère industrielle. C'est l'espace le plus artistique. Derrière celui-ci, vous arrivez dans la maison proprement dite qui semble flotter sur un ponton car les occupants sont de fervents adeptes de la voile.

EN

Christo° is an avid collector of advertising letters found on old storefronts. These characters are highly decorative. They are now displayed in numerous interiors. This type of finding is slowly launching a new trend. Indeed, the old and somewhat broken-down is 'in' again. This is a reaction to the clean architecture culture that had set the tone for a long time. Interest in patina is back.

NL

Christo° is een verwoed verzamelaar van reclameletters van oude winkelpuien. Deze letters zijn hoogst decoratief. Ondertussen zie je ze in veel interieurs opduiken. Dit soort trouvailles kondigt stilaan een nieuwe trend aan. Want wat oud is en ietwat versleten, wordt weer gezocht. Dit is een reactie op de cleane architectuurcultuur die heel lang de toon aangaf. De belangstelling voor patina is terug.

FR

Christo° est un collectionneur acharné de caractères publicitaires qu'il trouve sur d'anciennes devantures de magasins. Ces lettres sont hautement décoratives. Depuis un certain temps, on les voit apparaître dans de nombreux intérieurs. Elles sont annonciatrices d'une tendance nouvelle. En effet, ce qui est vieux et un peu usé est à nouveau prisé. C'est une réaction à la culture architecturale « clean » qui, pendant longtemps, a dicté sa loi. L'intérêt pour la patine est de retour.

NL   Dit is ongetwijfeld een van de meest minimalistische interieurs uit het boek, en toch oogt deze woning best wat eclectisch. De strakheid komt in de eerste plaats door de eenvoudige, zakelijke architectuur. De bewoners hebben de oude loods van een voormalige bloemkwekerij vergroot met een industriële staalconstructie met betonnen vloer. Bovendien zorgt het zwevende terras met ponton, opgevist uit een jachthaven, voor een maritiem accent. De bewoners, beeldend kunstenaar Christo° en zijn vrouw Lieve, zijn fervente zeilers. De nieuwe achterbouw aan de tuinzijde staat op palen, om de architectuur te verlichten. Het interieur kwam in samenwerking met interieurarchitect Marc Thoen tot stand. Hij ontwierp onder meer de zwarte keuken. De bewoners zijn vooral verzamelaars die houden van vintage en ongewone objecten, zoals oude reclameletters. Het zijn ook globetrotters die regelmatig met de rugzak de wereld rondtrekken. Dit verklaart meteen iets over het interieur dat tegelijk nonchalant is en toch met een minimum aan middelen perfect lijkt. Het interieur straalt ook hun mobiliteit uit. Maar dit is voor hen geen definitieve ankerplaats, zoveel is zeker.

FR   Il s'agit sans aucun doute de l'un des intérieurs les plus minimalistes de ce livre et pourtant, cette habitation a quelque chose d'éclectique. Son côté austère provient avant tout de l'architecture simple et rationnelle. Les occupants ont agrandi l'ancien entrepôt d'une entreprise horticole en y ajoutant une construction métallique industrielle avec un sol en béton. De plus, la terrasse flottante avec ponton, récupérée dans un port de plaisance, lui confère un accent maritime. Les habitants, l'artiste Christo° et sa femme Lieve, sont de fervents adeptes de la voile. La nouvelle construction située à l'arrière, côté jardin, se dresse sur pilotis pour alléger l'architecture. L'intérieur a été conçu en collaboration avec l'architecte d'intérieur Marc Thoen. C'est lui qui a créé, entre autres, la cuisine noire. Les occupants sont avant tout des collectionneurs d'objets vintage et de pièces insolites, telles que d'anciens caractères publicitaires. Ce sont aussi des globetrotteurs qui font régulièrement le tour du monde avec leur sac à dos. C'est ainsi qu'ils sont parvenus à créer un intérieur à la fois nonchalant et parfait, avec un minimum de moyens. L'intérieur reflète aussi leur mobilité. Une chose est d'ailleurs certaine : il ne s'agit pas là de leur ancrage définitif.

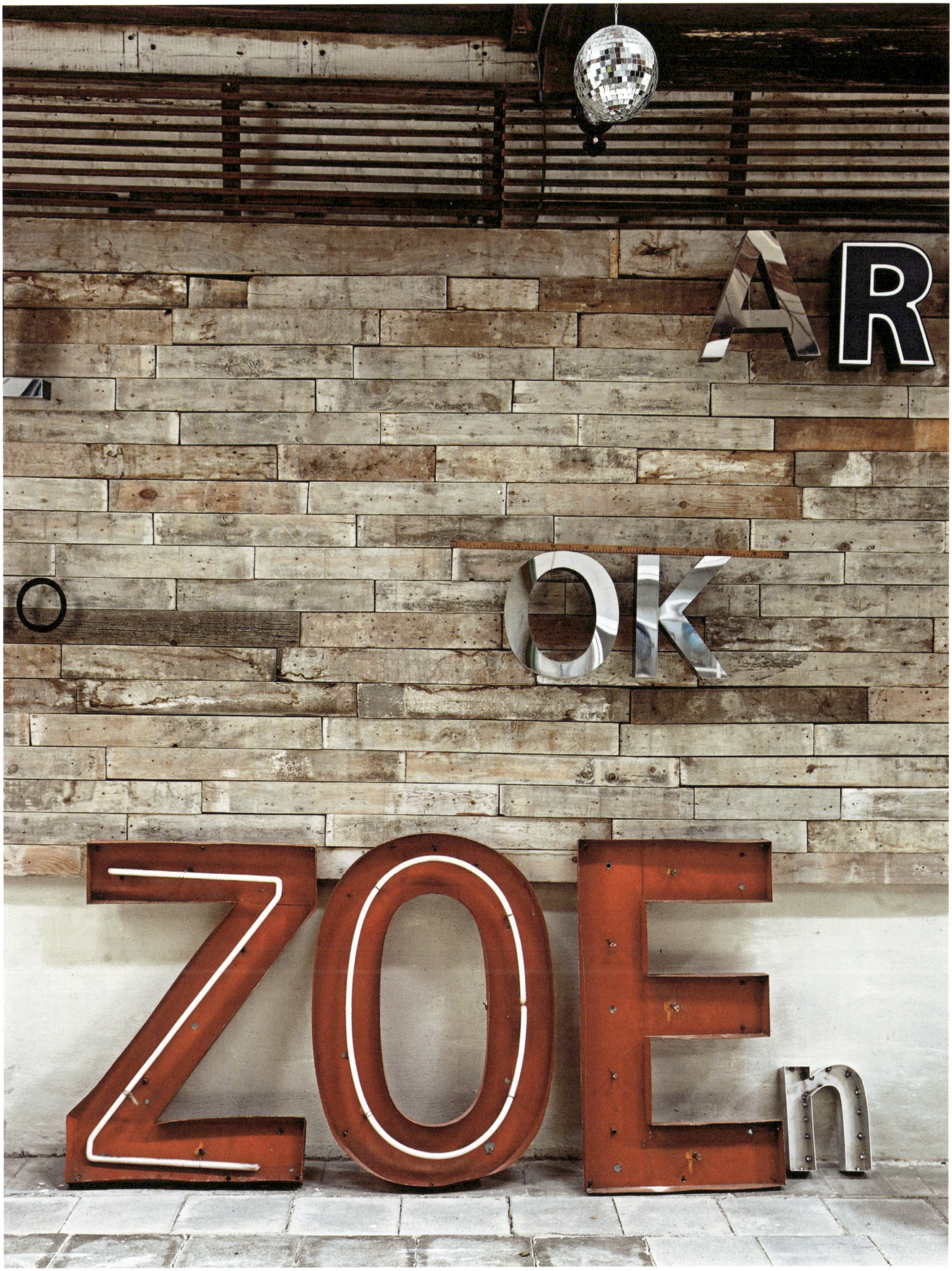
AR
OK
ZOEn

EN
From here, we get a glimpse of an ivy-clad exterior. We recognize the frame of the former warehouse. The wide gate is still the 'front door'. You immediately notice the two parts: in the front, the studio, and in the back, the entry ito a sharp-looking home. Christo°'s sculptures are displayed in the studio.

NL
Hier vangen we een glimp op van het met klimop begroeide exterieur. We herkennen het silhouet van de voormalige loods. De grote poort is nog steeds de 'voordeur'. Je merkt duidelijk de tweedeling, met vooraan het atelier en achteraan de toegang tot de strakke woning. In het atelier staan de beelden van Christo°.

FR
On entrevoit ici de l'extérieur couvert de lierre. Nous reconnaissons la silhouette de l'ancien entrepôt. Le grand portail est resté la « porte d'entrée ». On distingue aisément la division en deux parties avec l'atelier à l'avant et, vers l'arrière, l'accès à la demeure austère. Les œuvres de Christo° se situent dans l'atelier.

Industrial Building

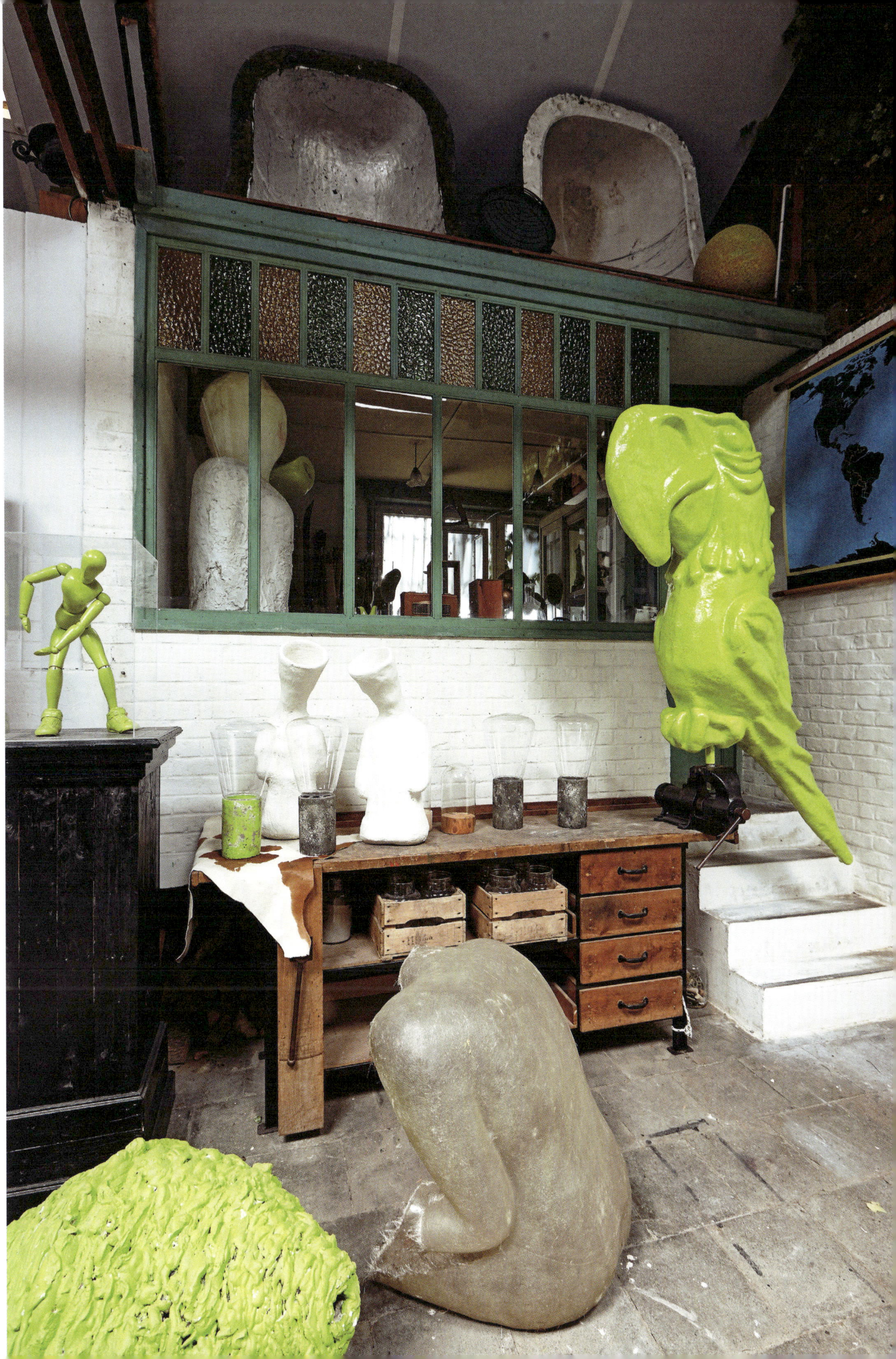

THiNK ECLECTIC

Mahdavimania BOHO-CHIC-ROCK

French-Iranian designer Maryam Mahdavi shows us her new anchor in Brussels. The fact that she grew up in Iran does not fully explain why she loves baroque interiors. For her, a home is a theatre set. Even though she was never on stage, she built decors for illustrious names such as Didier Ludot; she also works in Dubai. Her style is unique and truly surrealistic. Some appropriately call this style "boho-chic-rock". Even the mounted lioness that you immediately notice upon entering is a movie extra. The wild animal leads you to the blue front room: a reception room where your eyes will need to adjust to the dim light, is filled with numerous unique objects. This lounge reminds me of the Dior fitting rooms of the 1950s, explains Maryam. This room also displays tables designed by her, with an erotic silhouette: *Les Infidèles*, with legs representing elegant soliciting ladies. For the sensual colour palette of her interior, she found inspiration in the cosmetics nuances. When I cover a wall, I don't paint it, she explains, I open, so to speak, my powder compacts and throw colours onto this nice shine.

Mahdavimania

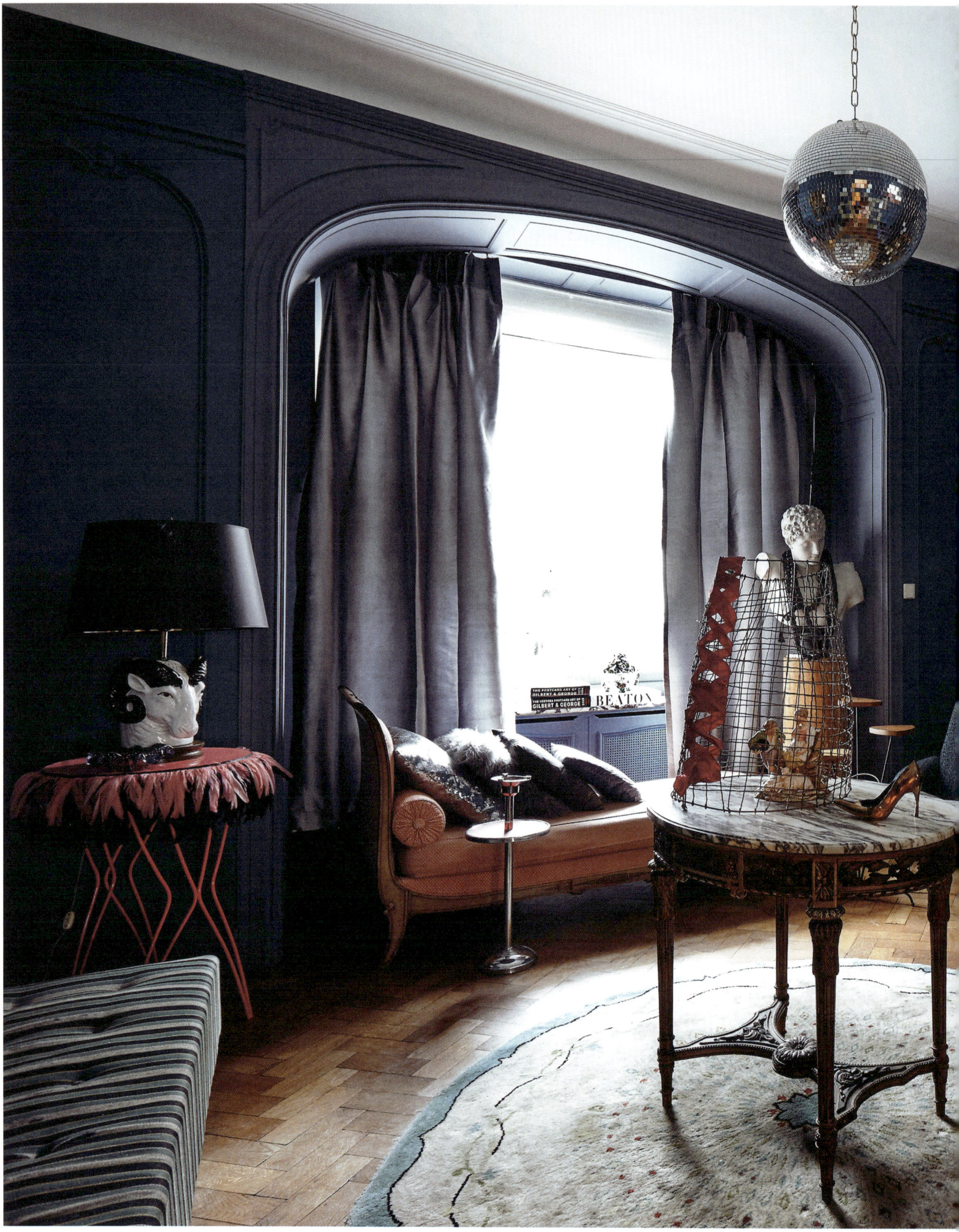
GILBERT & GEORGE
BEATON

Mahdavimania

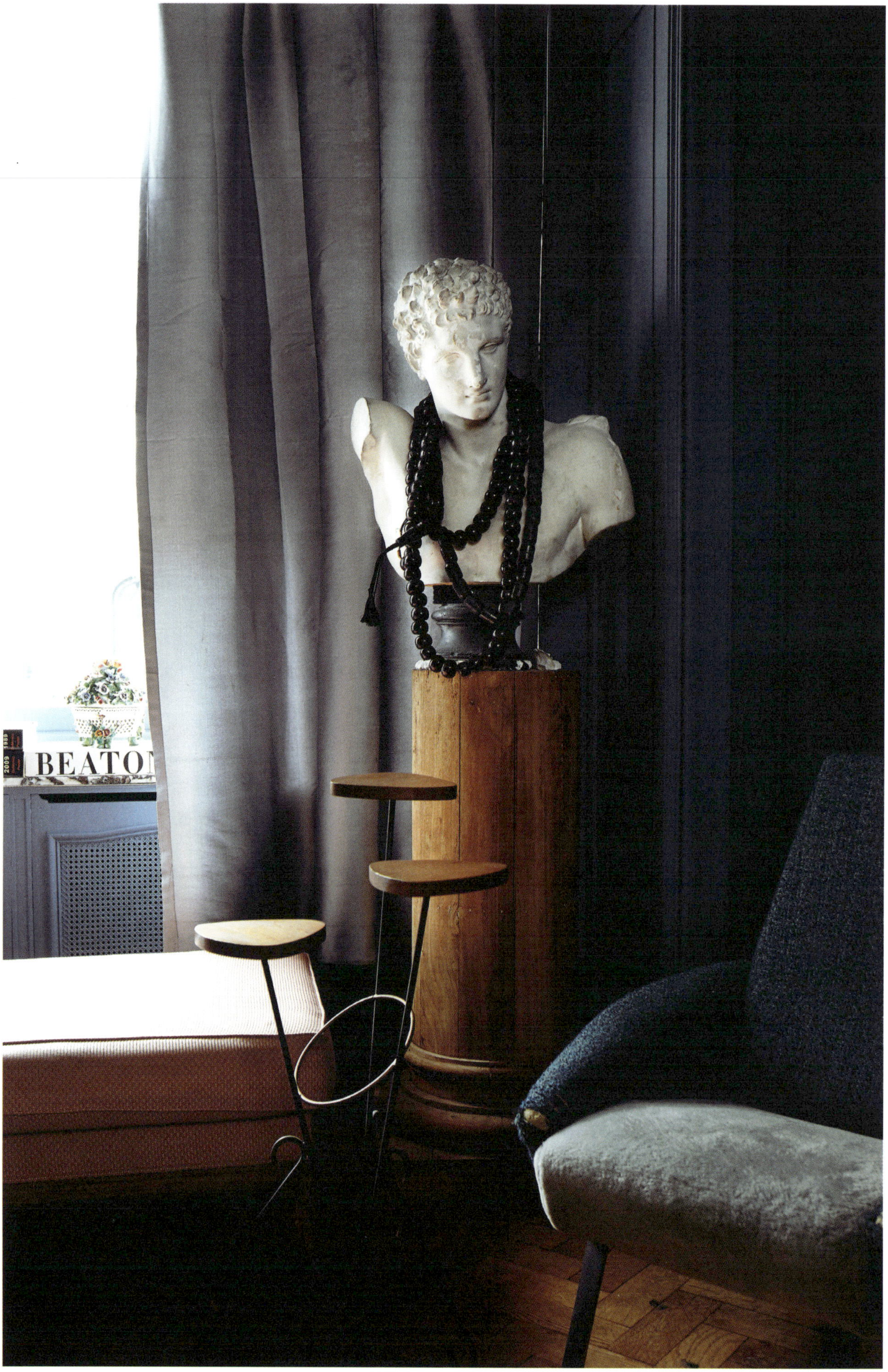
BEATON

EN
This is truly a theatre decor. Maryam Mahdavi's decoration style has a surreal touch. The blue room next to the entrance is a reception area. There are several of her creations such as the elegant iron tables from the 'Les Infidèles' series, with legs that resemble the legs of ladies of the night.

NL
Dit is meer een theaterdecor. De decoratiestijl van Maryam Mahdavi is behoorlijk surrealistisch getint. De blauwe kamer naast de inkomhal is een ontvangstruimte. Er staan verschillende creaties van haar, zoals de elegante ijzeren tafeltjes uit de reeks van *les Infidèles*, met pootjes die lijken op rondtrippelende damesbenen.

FR
C'est plutôt un décor de théâtre. Le style décoratif de Maryam Mahdavi est passablement surréaliste. La pièce bleue près du hall d'entrée est un salon de réception. On y trouve plusieurs de ses créations, dont par exemple les élégants guéridons en fer de la série « Les Infidèles » avec des pieds qui évoquent les allées et venues d'élégantes belles de nuit.

NL De Frans-Iraanse ontwerpster Maryam Mahdavi laat ons haar nieuwe ankerplek in Brussel zien. Niet enkel haar Iraanse jeugd verklaart waarom ze van barokke interieurs houdt. Voor haar is de woning een theaterdecor. Ze stond zelf nooit op de planken, maar bouwde decors voor ronkende namen als Didier Ludot én is ook actief in Dubai. Haar stijl is apart en vrij surrealistisch. Sommigen noemen dit passend de 'boho-chic-rock'. Ook de opgezette leeuwin die je meteen ziet bij het binnenkomen, is hier een figurant. Het wilde dier leidt je naar de blauwe voorkamer, een ontvangstsalon, waar je ogen even moeten wennen aan het gedempte licht en de talrijke vondsten. Dit salon herinnert ons aan de paskamers van Dior in de jaren 1950, vertelt Maryam. Daar staan ook de door haar ontworpen tafels met een erotisch silhouet, *Les Infidèles*, waarvan de poten verwijzen naar elegant rondtrippelende dames. Voor het sensuele kleurenpalet van haar interieur inspireert ze zich op de kleuren van cosmetica. Als ik muren bekleed, beschilder ik ze niet gewoon, legt ze uit, maar open ik bij wijze van spreken mijn poederdozen en gooi er kleuren op die lekker glinsteren.

FR La créatrice franco-iranienne Maryam Mahdavi nous fait découvrir son nouveau port d'attache à Bruxelles. Ce ne sont pas uniquement sa jeunesse et ses origines iraniennes qui expliquent son amour des intérieurs baroques. Pour elle, la maison est un décor de théâtre. Elle n'est jamais personnellement montée sur les planches, mais elle a créé des décors pour des grands noms tels que Didier Ludot et elle travaille aussi à Dubaï. Son style est très particulier et plutôt surréaliste. Certains parlent à bon escient de « boho-chic-rock ». La lionne empaillée que l'on aperçoit depuis l'entrée est elle aussi une figurante. Le fauve vous conduit à la pièce de devant, un salon de réception bleu où le regard doit d'abord s'habituer à la lumière tamisée et aux nombreux objets insolites. « Cette pièce rappelle les salons d'essayage de Dior dans les années 1950 », explique Maryam. On y trouve également des guéridons érotiques qu'elle a créés elle-même et baptisés *Les Infidèles*, et dont les pieds en forme de jambes élancées et joliment galbées évoquent les allées et venues des belles de nuit. Les couleurs sensuelles de son intérieur s'inspirent de celles des cosmétiques. « Lorsque je peins des murs, explique-t-elle, je m'y prends comme si je les maquillais de poudre scintillante. »

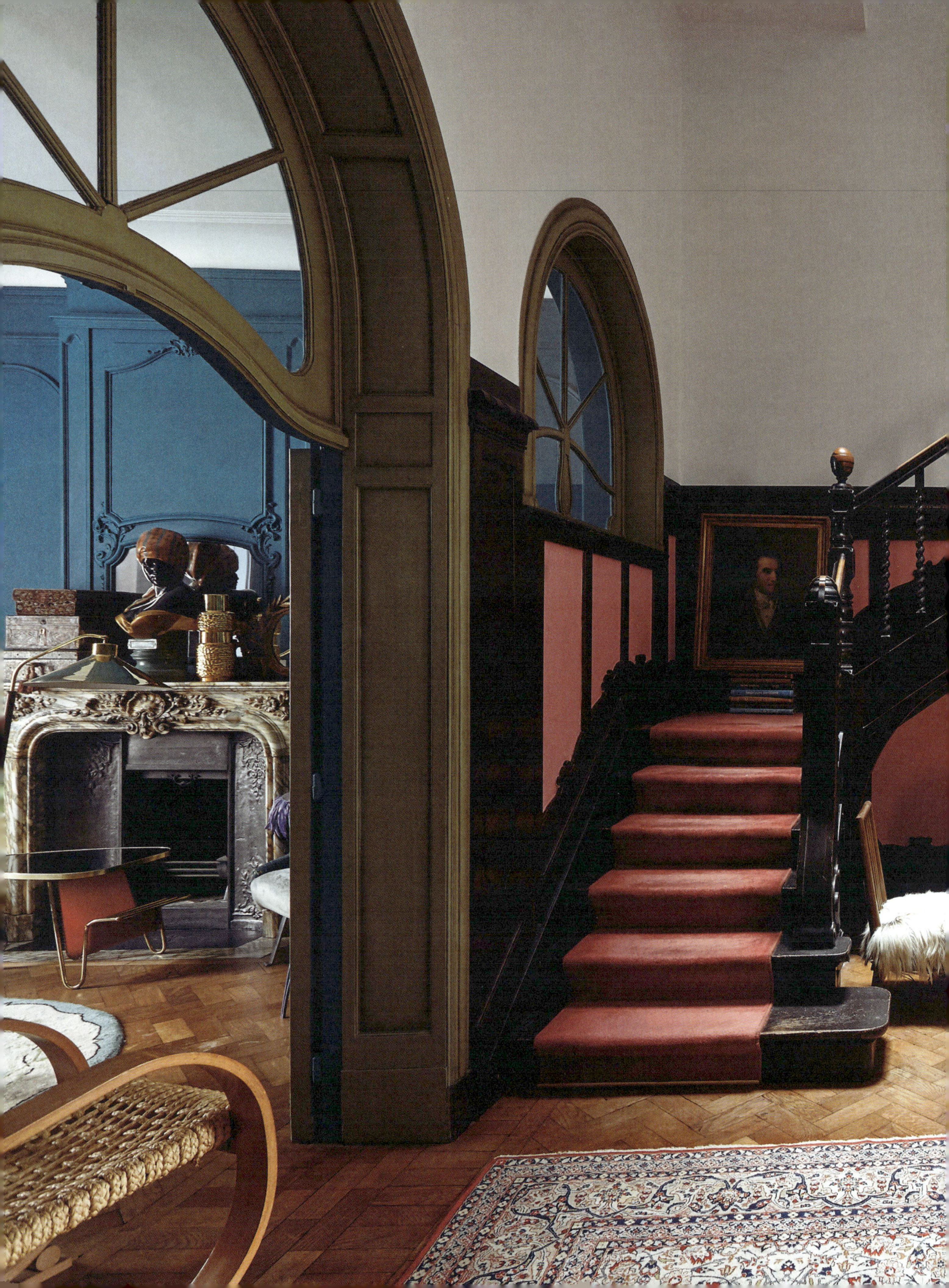

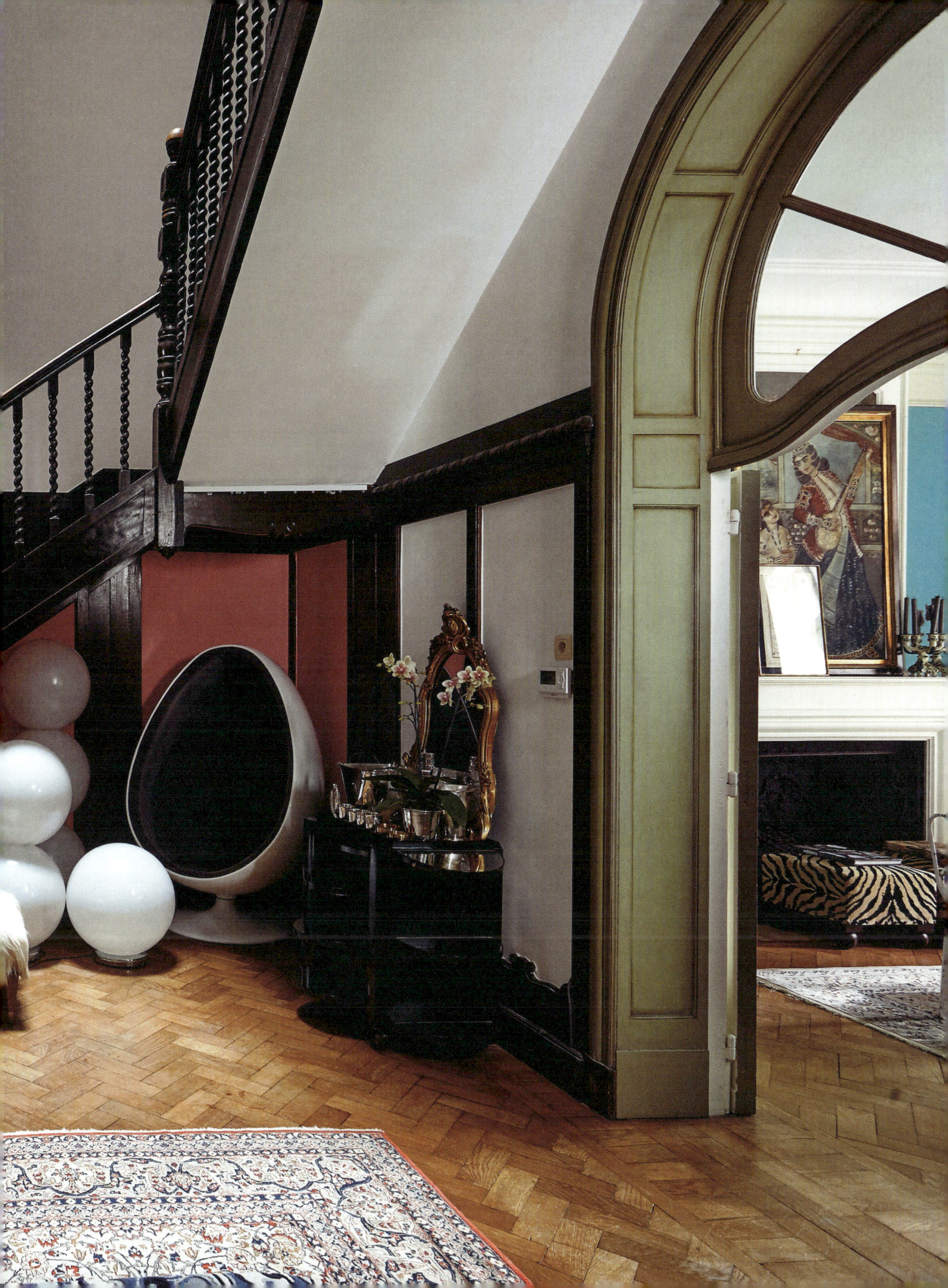

EN
Not much was changed to the architecture and original decor of this house from the beginning of the twentieth century, although the decoration was spectacularly enriched. The view from the front room to the back room with the iron chairs is amazing. As the icing on the cake, we see an Egg by Eero Aarnio under the stairs: a delicious hiding place.

NL
Aan de architectuur en originele decoratie van deze woning uit het begin van de twintigste eeuw werd vrijwel niets veranderd, maar de aankleding werd op een spectaculaire wijze verrijkt. Het doorzicht van de voorkamer naar de achterkamer met de ijzeren stoeltjes is schitterend. Als kers op de taart zien we een Egg van Eero Aarnio onder de trap, om je lekker in te verstoppen.

FR
L'architecture et la décoration originale de cette maison du début du vingtième siècle n'ont pratiquement pas changé, mais cette décoration s'est enrichie de manière spectaculaire. De la pièce de devant vers la pièce à l'arrière avec ses chaises en fer, la vue est sublime. Et, cerise sur le gâteau, vous remarquez sous l'escalier une « ball chair » d'Eero Aarnio dans laquelle vous pouvez vous réfugier.

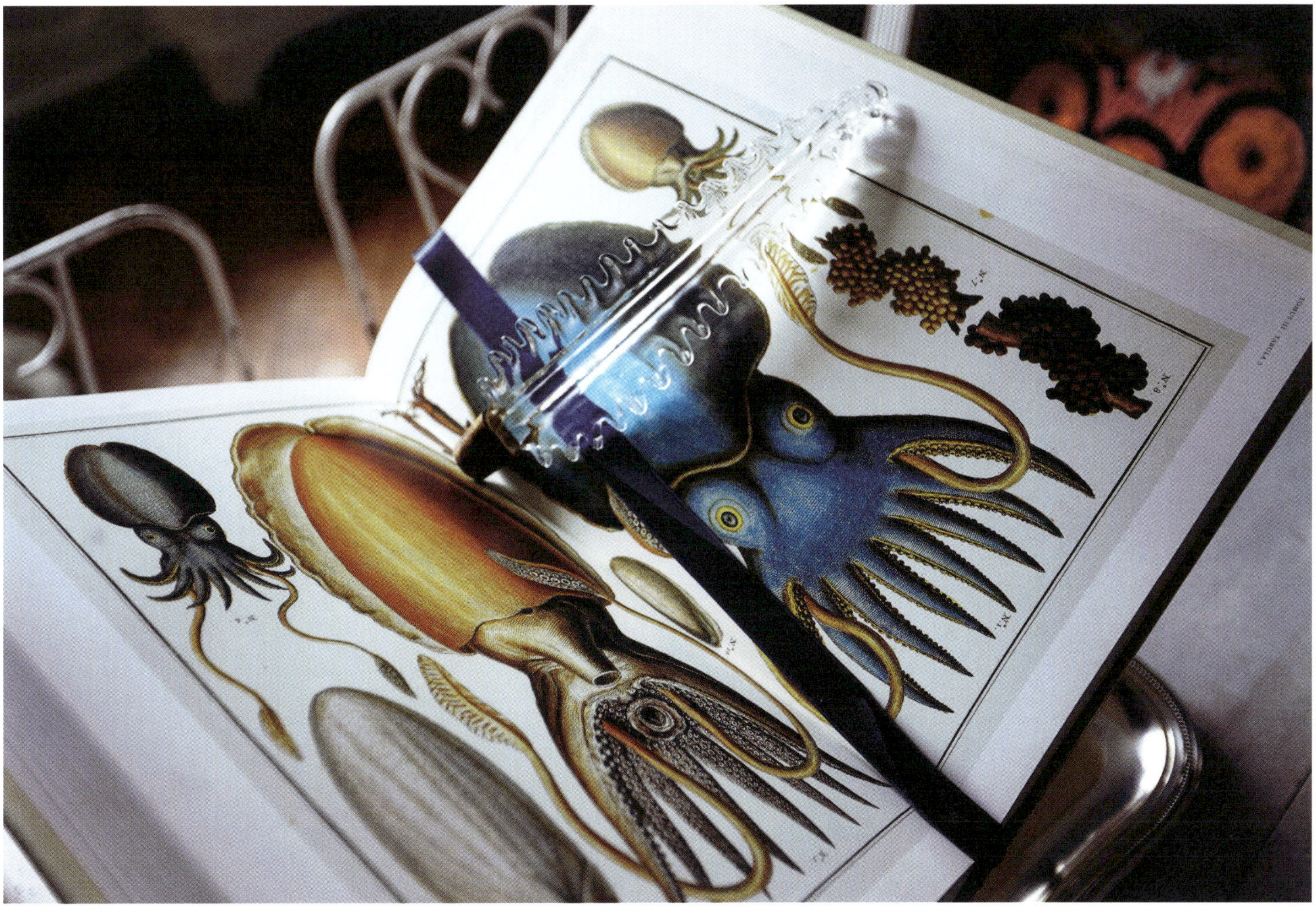

EN
There is no end to this visual feast: behind the door you will be greeted by a stuffed lioness. The kitchen was festively decked for an intimate tête-à-tête. This decor is more surrealistic than baroque in style, of course with an Oriental touch.

NL
Er komt geen eind aan dit visuele festijn, want achter de voordeur word je opgewacht door een opgezette leeuwin. De keuken werd feestelijk uitgedost voor een intieme tête-à-tête. Dit decor is eerder surrealistisch dan barok van stijl, uiteraard met een oriëntaalse toets.

FR
Ce festin visuel n'en finit pas car, derrière la porte d'entrée, une lionne naturalisée vous attend. La cuisine a été apprêtée de manière festive pour un tête-à-tête intime. Le décor est plus surréaliste que baroque, avec une touche orientale bien sûr.

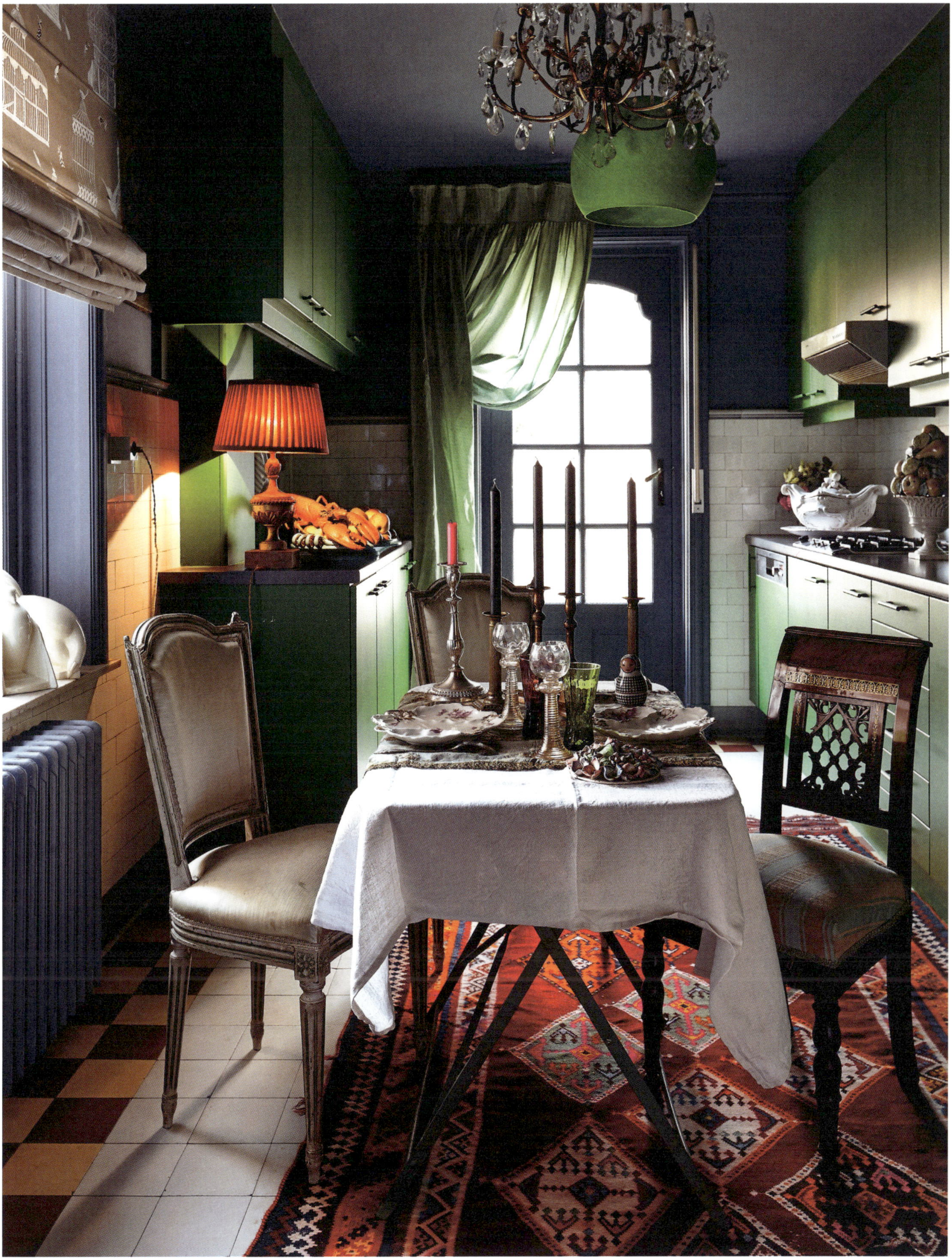

THiNK ECLECTIC

Dolce Italia JEWELS

Jewellery designer Axelle Delhaye admits that she certainly tends to add a baroque flair to her creations; of which there are many signs in her interior. Her home is not baroque; still, the elegant furniture and objects, made of expensive materials, give the ensemble a warm Mediterranean atmosphere. The proportions and structure of the space; the building designed in 2012 by famed architect Marc Corbiau; and the exquisite design, mostly created by design antique dealer Jean-Claude Jacquemart; all remind us of Italian movie sets of the 1950s, 1960s and 1970s. Indeed, furniture creations by Cesare Lacca, Frederico Munari, Osvaldo Borsani, Gio Ponti and Angelo Mangiarotti fit in perfectly here. For her jewellery, Axelle Delhaye reuses antique Victorian pieces that show her passion for eclectic accents. She loves noble materials and does not want an interior where everything matches perfectly. She finds excessive harmony uninspiring; therefore, she combines vintage with art and old with new. Ideally, an interior should be timeless although not devoid of style, she spontaneously explains, and stem from an era that is not today's. It is undoubtedly the case here.

Dolce Italia

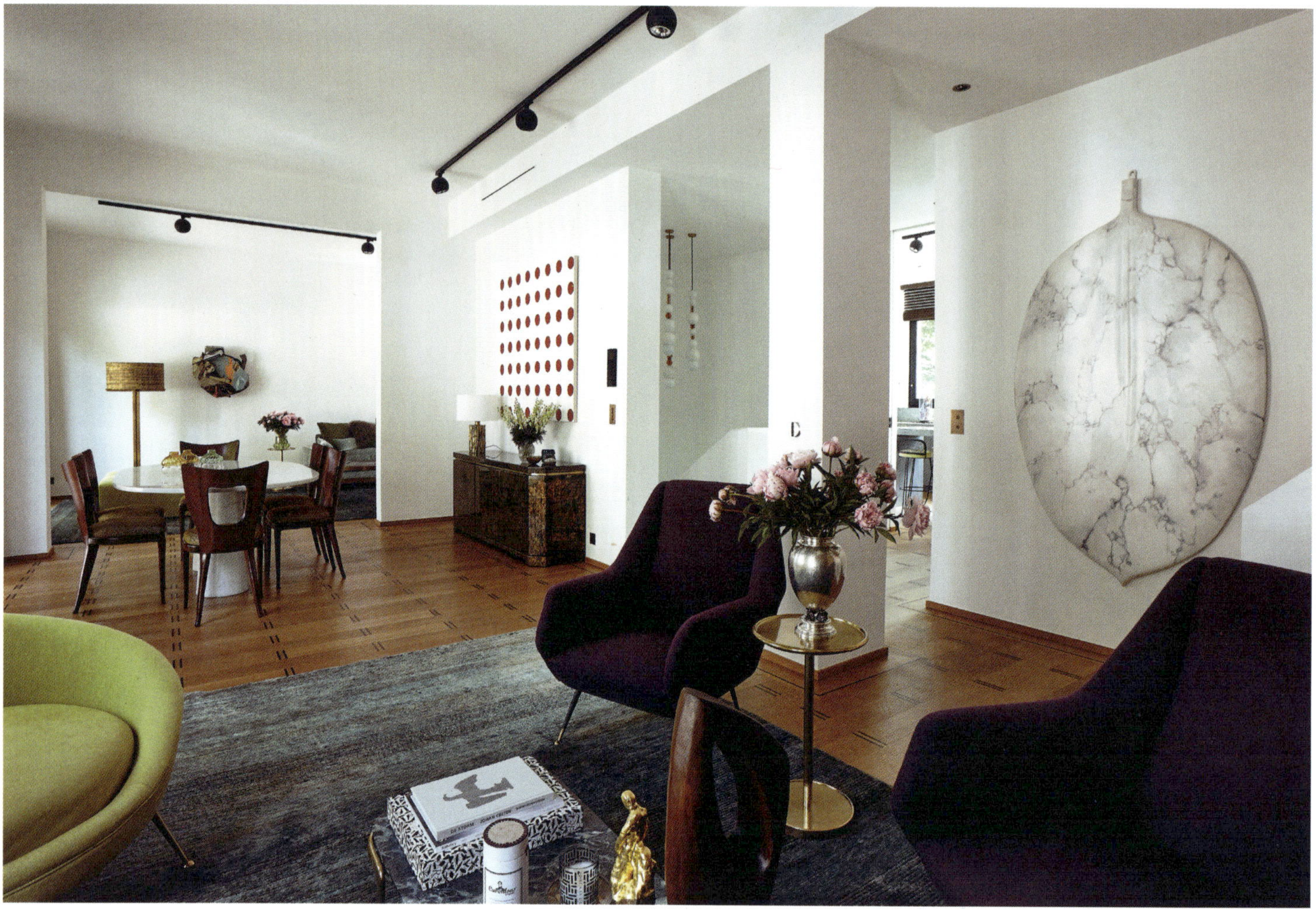

EN

The owner of this building makes baroque jewellery. For her creations, she recycles antique jewellery. It is interesting to see the link between this interior and her work. The love for costly materials and opulent, streamlined shapes is obvious. The basic structure of the home, designed by renowned Brussels Architect Marc Corbiau, is powerful and pure. In contrast, the decor is playful and resembles a movie set.

NL

De bewoonster van dit pand maakt barokke sieraden. Voor haar creaties recupereert ze antieke juwelen. Het is boeiend om de parallellen te zien tussen dit interieur en haar ontwerpen. De voorliefde voor kostbare materialen en opulente, maar gestroomlijnde vormen is duidelijk. De basisstructuur van de woning, ontworpen door de vermaarde Brusselse architect Marc Corbiau, is krachtig en zuiver. De aankleding is daarentegen speels en heeft iets van een filmdecor.

FR

L'occupante de cette demeure crée des parures baroques. Pour ses créations, elle récupère des bijoux antiques. Il est passionnant d'observer les parallèles entre cet intérieur et ses œuvres. Sa préférence pour les matériaux précieux et les formes opulentes mais aérodynamiques est évidente. La structure de base de la maison, conçue par le célèbre architecte bruxellois Marc Corbiau est puissante et pure. L'habillage par contre est plein de fantaisie et ressemble un peu à un décor de film.

NL Juwelenontwerpster Axelle Delhaye bekent dat ze van een vrij barokke stijl houdt voor haar eigen creaties. Ook al vind je van deze voorliefde heel wat sporen terug in haar interieur, toch is haar woning niet echt barok. De elegante meubels en objecten, afgewerkt met kostbare materialen, bezorgen het ensemble een warme mediterrane sfeer. Het gebouw werd in 2012 ontworpen door de befaamde Brusselse architect Marc Corbiau. De proporties en opbouw van de ruimte én het uitgelezen design, vooral verworven via designantiquair Jean-Claude Jacquemart, doen ons denken aan decors uit Italiaanse films van de jaren 1950, 1960 en 1970. Meubels van Cesare Lacca, Federico Munari, Osvaldo Borsani, Giò Ponti en Angelo Mangiarotti passen daar naadloos in.

Zoals Axelle Delhaye voor haar creaties antieke victoriaanse juwelen hergebruikt die getuigen van haar passie voor eclectische accenten, zo houdt ze ook in haar interieur van nobele materialen en wil ze niet dat alles perfect op elkaar is afgestemd. Een te sterke harmonie vindt ze niet inspirerend. Daarom combineert ze vintage met kunst en oud met nieuw. Een interieur mag best wat tijdloos zijn, maar niet stijlloos, stelt ze spontaan, met elementen uit een epoque die niet de huidige is. Dit is hier ongetwijfeld het geval.

FR La créatrice de bijoux Axelle Delhaye avoue qu'elle aime un style baroque pour ses créations. Même si l'on retrouve de nombreuses traces de cette prédilection dans son intérieur, son habitation n'est pas vraiment baroque. Les meubles et objets élégants, parachevés avec des matériaux précieux, confèrent à l'ensemble une atmosphère méditerranéenne chaleureuse. Le bâtiment a été conçu en 2012 par le célèbre architecte bruxellois Marc Corbiau. Les proportions et l'élaboration de l'espace, ainsi que les pièces design raffinées principalement acquises chez le décorateur et antiquaire Jean-Claude Jacquemart, font penser aux décors des films italiens des années 1950, 1960 et 1970. Des meubles de Cesare Lacca, Federico Munari, Osvaldo Borsani, Giò Ponti et Angelo Mangiarotti y sont idéalement assortis.

Tout comme elle réutilise pour ses créations d'anciens bijoux victoriens qui témoignent de son amour de l'éclectisme, Axelle Delhaye aime pour son intérieur des matériaux nobles et ne veut pas que tout se confonde à l'unisson. Une trop grande harmonie n'est pas enthousiasmante. C'est pourquoi elle marie le vintage et l'art, l'ancien et le nouveau. « Un intérieur peut être intemporel mais pas dénué de style, affirme-t-elle spontanément, et il doit aussi comporter des éléments en provenance d'une époque qui n'est pas la nôtre. » C'est assurément le cas ici.

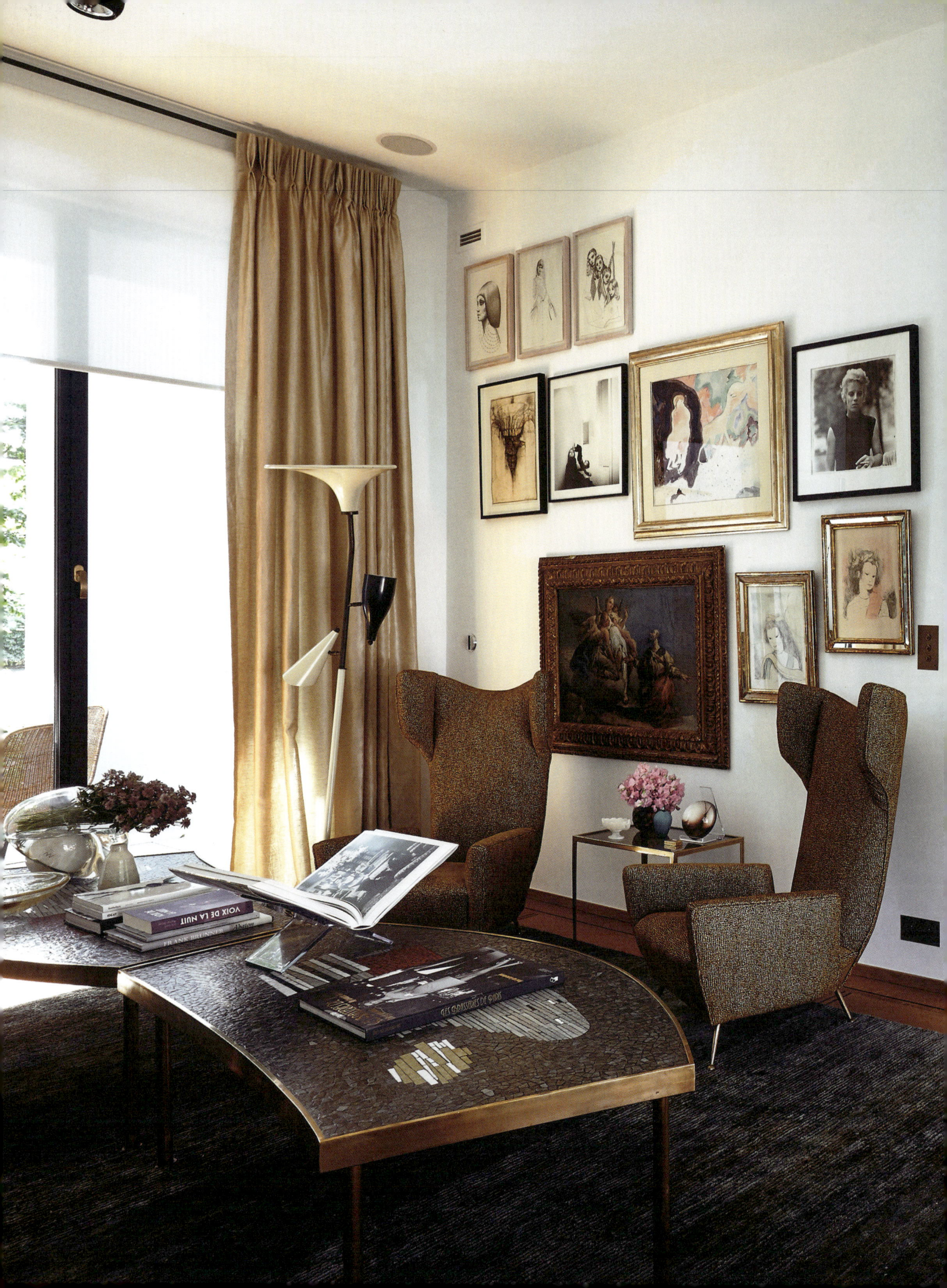
VOIX DE LA NUIT
FRANK BRUNNER

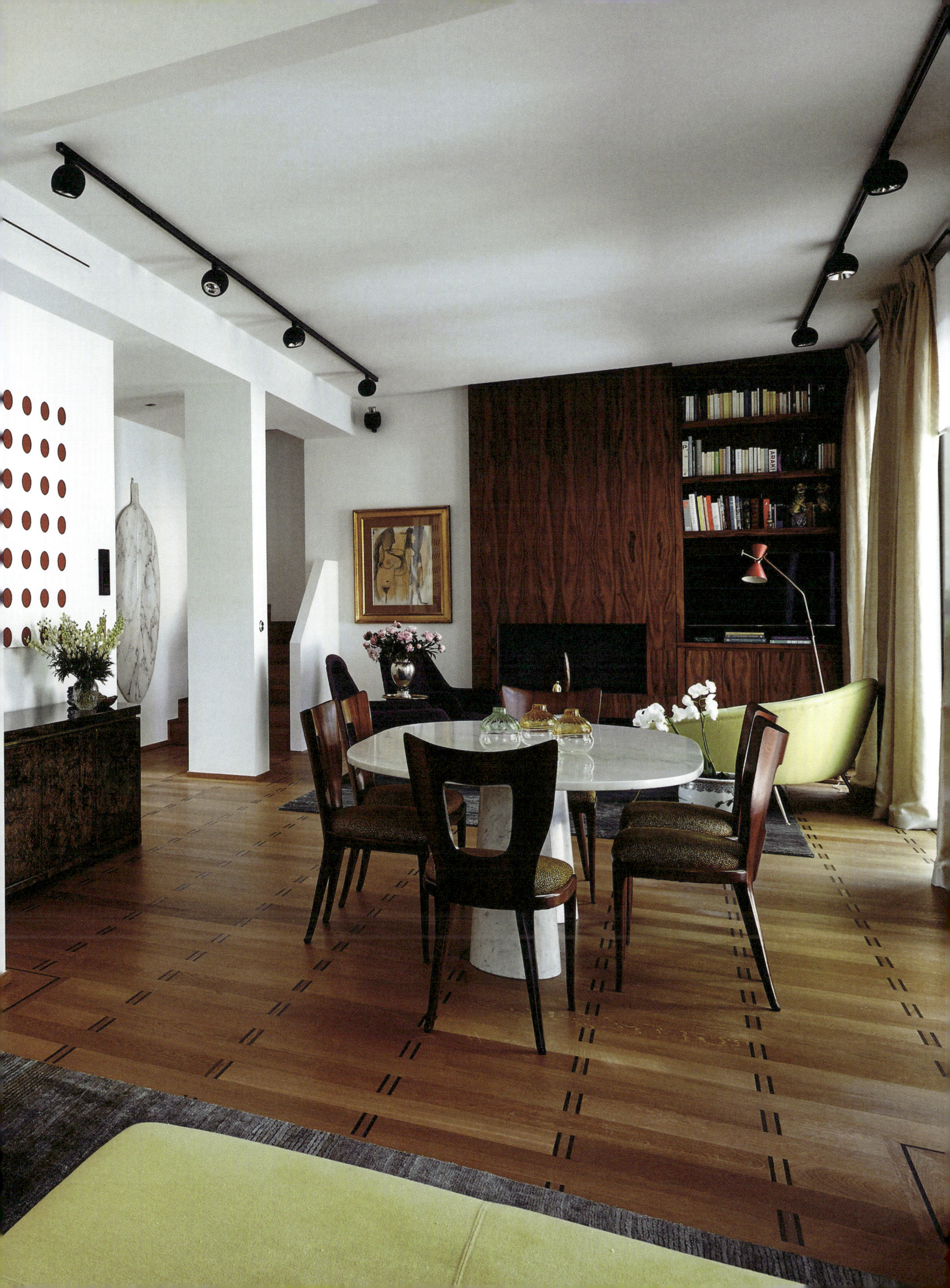

Dolce Italia

EN
This is the best place for Italian espresso and for Ponti-style seats. They look like elegant ladies in heels. The parquet floor is another wink at the stylish 'roaring twenties' that had renamed Brussels the city of modern style. You will enjoy the sitting area with an exquisite mix of furniture, artwork, and objects.

NL
Dit is dé plek voor een Italiaanse espresso. Daar passen de fifties zitjes à la Ponti best bij. Het lijken wel elegante dames op naaldhakken. Het parket van de vloer is dan weer een knipoog naar de 'roaring twenties' die Brussel destijds omdoopten tot stijlvolle, moderne stad. Geniet ook van het salon met de exquise mix aan meubels, kunstwerken en objecten.

FR
Voici l'endroit rêvé pour un espresso italien. Les sièges des fifties à la Ponti sont très seyants. On dirait d'élégantes dames à talons hauts. Le parquet quant à lui est un clin d'œil aux « roaring twenties » (années folles) qui transformèrent jadis Bruxelles en ville moderne et élégante. Profitez pleinement du salon avec son mix de meubles, œuvres d'art et objets.

THiNK ECLECTIC

Eccentricities ROOIGEM

Did you know that this place was once located close to the beach? A very long time ago, of course. As a matter of fact, you will find countless shells in the fields in the vicinity; moreover, the Roman road runs right outside, explains Jean-Philippe Demeyer with some emotion. He loves history and is disappointed by the demolition of old buildings in his home city of Bruges. The contemporary style of his interiors is somewhat in line with the David Hicks tradition. Jean-Philippe's interiors resemble film sets. Indeed, he draws much of his inspiration from the Anglo-Saxon culture. Brits have a unique ability to combine old and new: they opt for new but never throw the old away as many other Europeans do; Jean-Philippe knows this. For years, he experimented in eclectic styles with eccentric antiquities. Today, his interior showcases modern art along with some vintage objects here and there. However, it is all fully authentic and if you enjoy seeing a little of everything then you're automatically eclectic, he says. He does not like interiors in one single style; he prefers collections grown into an ensemble. This old country house with medieval roots, a stone's throw from Bruges, called the Rooigem domain, is his laboratory. He explains: I see this as a studio: I spread everything around and each piece finds its place, immediately. Every space has a theme, however: to him the summer lounge is an ode to La Madrague, Brigitte Bardot's famous residence in Saint-Tropez.

Eccentricities

NL Wist je dat deze plek ooit bijna aan het strand lag, heel lang geleden? Daarom vind je massaal veel schelpen in de weilanden hiernaast en bovendien loopt de Romeinse heerweg hier voor de deur, vertelt Jean-Philippe Demeyer met enige ontroering. Hij heeft wat met geschiedenis en ergert zich aan de sloop van oude panden in zijn geboortestad Brugge. De hedendaagse interieurstijl waarmee hij woningen inricht, stoelt een beetje op de David Hicks traditie. De interieurs van Jean-Philippe lijken op filmdecors. Veel van zijn inspiratie komt uit de Angelsaksische cultuur. De Britten kunnen als geen ander oud en nieuw combineren: ook al kiezen ze voor nieuw, toch gooien ze het oude nooit weg; vele andere Europeanen doen dat wel, weet Jean-Philippe. Hijzelf ijvert al jaren voor de heropbloei van de eclectische stijl en experimenteert met excentrieke oudheden. Nu zie je in zijn interieur ook moderne kunst en hier en daar wat vintage. Het gaat vooral om authenticiteit en wie van alles graag ziet, is automatisch eclectisch, beweert hij. Hij houdt niet van interieurs-in-één-stijl, maar van organisch gegroeide ensembles. Dit oude landhuis met middeleeuwse wortels, domein Rooigem, op een steenworp van Brugge, is zijn laboratorium. Ik beschouw dit als een studio, waar alles wat ik neerzet, meteen zijn plaats vindt, legt hij uit. Elke ruimte heeft wel een thema, zoals het zomersalon dat voor hem een ode is aan La Madrague, de beroemde pleisterplek van Brigitte Bardot in Saint-Tropez.

EN
English interior decorator David Hicks would have felt at home here. A contemporary designer without roots in the past could have never imagined such a colourful interior. But Jean-Philippe Demeyer began as an antique dealer and travelled to Great Britain for years in order to refine his taste for eccentric interiors. He mixes past and present with a touch of humour. This interior reminds us of the surrealistic decors of the late Thirties in Paris and London. Illustrious artist Philippe Jullian immortalized such houses on paper.

NL
De Engelse binnenhuisarchitect David Hicks zou zich hier thuis hebben gevoeld. Een hedendaagse designer zonder wortels in het verleden zou nooit zo'n bont interieur kunnen bedenken. Maar Jean-Philippe Demeyer begon als antiquair en reisde jarenlang door Groot-Brittannië, waar hij zijn zin voor excentrieke interieurs verfijnde. Hij mixt heden en verleden met een flinke dosis humor. Dit interieur doet ons denken aan de surrealistische decors uit de late jaren 1930 in Parijs en Londen. De bekende tekenaar Philippe Jullian heeft dergelijke woningen op papier vereeuwigd.

FR
Le décorateur d'intérieur anglais David Hicks se serait senti chez lui ici. Un designer contemporain sans aucune racine dans le passé n'imaginerait jamais pareil intérieur bariolé. Mais Jean-Philippe Demeyer a débuté comme antiquaire et a voyagé durant de longues années en Grande-Bretagne où il a pu raffiner son goût des intérieurs excentriques. Il amalgame le présent et le passé avec une bonne dose d'humour. Cet intérieur nous rappelle la mode des décors surréalistes de la fin des années 1930 à Paris et à Londres. L'illustre dessinateur Philippe Jullian a immortalisé ce type de maisons sur le papier.

FR
Saviez-vous que, il y a très longtemps, cet endroit se trouvait presque en bord de mer ? C'est ce qui explique la présence d'une multitude de coquillages dans les pâturages avoisinants et de la chaussée romaine qui passe devant la porte. C'est ce que nous explique Jean-Philippe Demeyer avec une certaine émotion. Il est passionné d'histoire et s'indigne de la démolition de vieilles demeures dans sa ville natale de Bruges. Le style contemporain des intérieurs des maisons qu'il décore, se nourrit de la tradition de David Hicks. Les intérieurs de Jean-Philippe ressemblent à des décors de films. Il trouve pour une bonne part son inspiration dans la culture anglo-saxonne. Les Britanniques maîtrisent comme nuls autres l'art de combiner l'ancien et le nouveau, et même s'ils optent pour le nouveau, ils ne jettent jamais l'ancien. Jean-Philippe affirme que beaucoup d'autres Européens par contre le font. Depuis des années déjà, il s'efforce de faire revivre le style éclectique et expérimente avec des antiquités excentriques. Dans son intérieur, on trouve également de l'art moderne et, de-ci de-là, un peu de vintage. Il prétend qu'il s'agit avant tout d'authenticité et que celui qui aime tout, est forcément éclectique. Il n'aime pas les intérieurs d'un style unique mais plutôt les ensembles qui se sont formés de manière organique. Cet ancien manoir aux racines médiévales, situé dans le domaine de Rooigem à un jet de pierre de Bruges, est son laboratoire. Il explique qu'il considère l'endroit comme un studio où tout ce qu'il dépose, trouve immédiatement sa place. Toutefois, chaque espace a son propre thème. Ainsi, le salon d'été est pour lui une ode à La Madrague, le célèbre lieu de villégiature de Brigitte Bardot à Saint-Tropez.

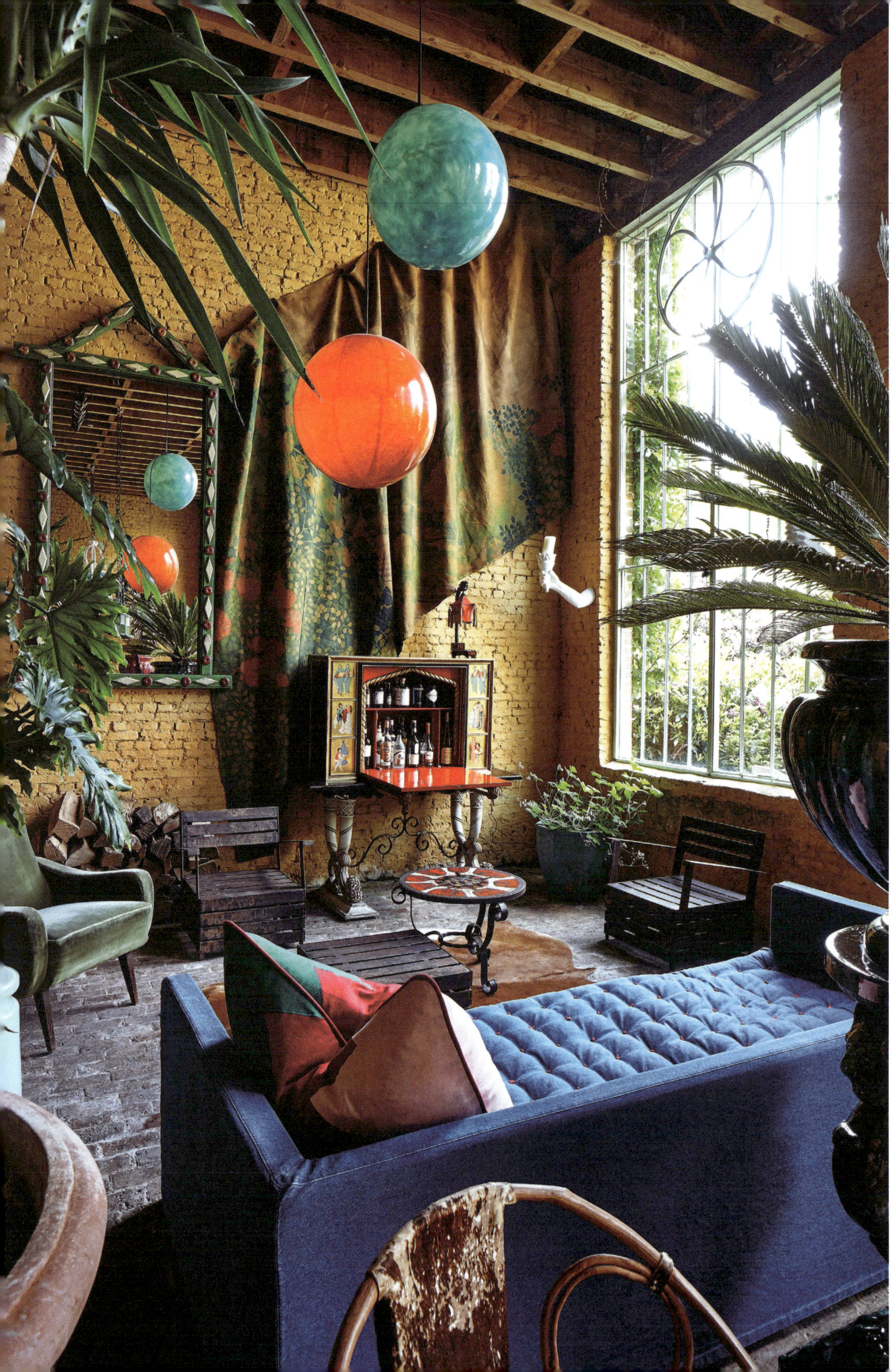

Eccentricities

EN
Here, we step from one atmosphere to another. In these spaces, you find yourself in a British country house. The previous pages featured a baroque orangery, while the next pages invite us as guests to La Madrague, the famous villa owned by Brigitte Bardot in Saint-Tropez. Even Picasso haunts this garden room with a Mediterranean atmosphere. Jean-Philippe Demeyer has a feel for eccentric objects and is a resourceful decorator.

NL
Hier stappen we van de ene sfeer in de andere. In deze ruimtes waan je je in een Brits landhuis. Op de vorige bladzijden vertoeven we in een barokke oranjerie en op de volgende bladzijden lijken we te gast in La Madrague, de beroemde villa van Brigitte Bardot in Saint-Tropez. In deze tuinkamer met zijn mediterrane sfeer waart zelfs Picasso een beetje rond. Jean-Philippe Demeyer heeft een neus voor excentrieke objecten en is een vindingrijk decorateur.

FR
Ici, nous changeons carrément d'ambiance. Dans ces espaces, on se croirait dans un manoir britannique. Dans les pages précédentes, on réside dans une orangerie baroque alors que dans les suivantes, nous semblons être invités à La Madrague, la célèbre villa de Brigitte Bardot à Saint-Tropez. Dans ce rez-de-jardin à l'atmosphère méditerranéenne plane même la mémoire de Picasso. Jean-Philippe Demeyer a le nez fin pour les objets excentriques et il est un décorateur inventif.

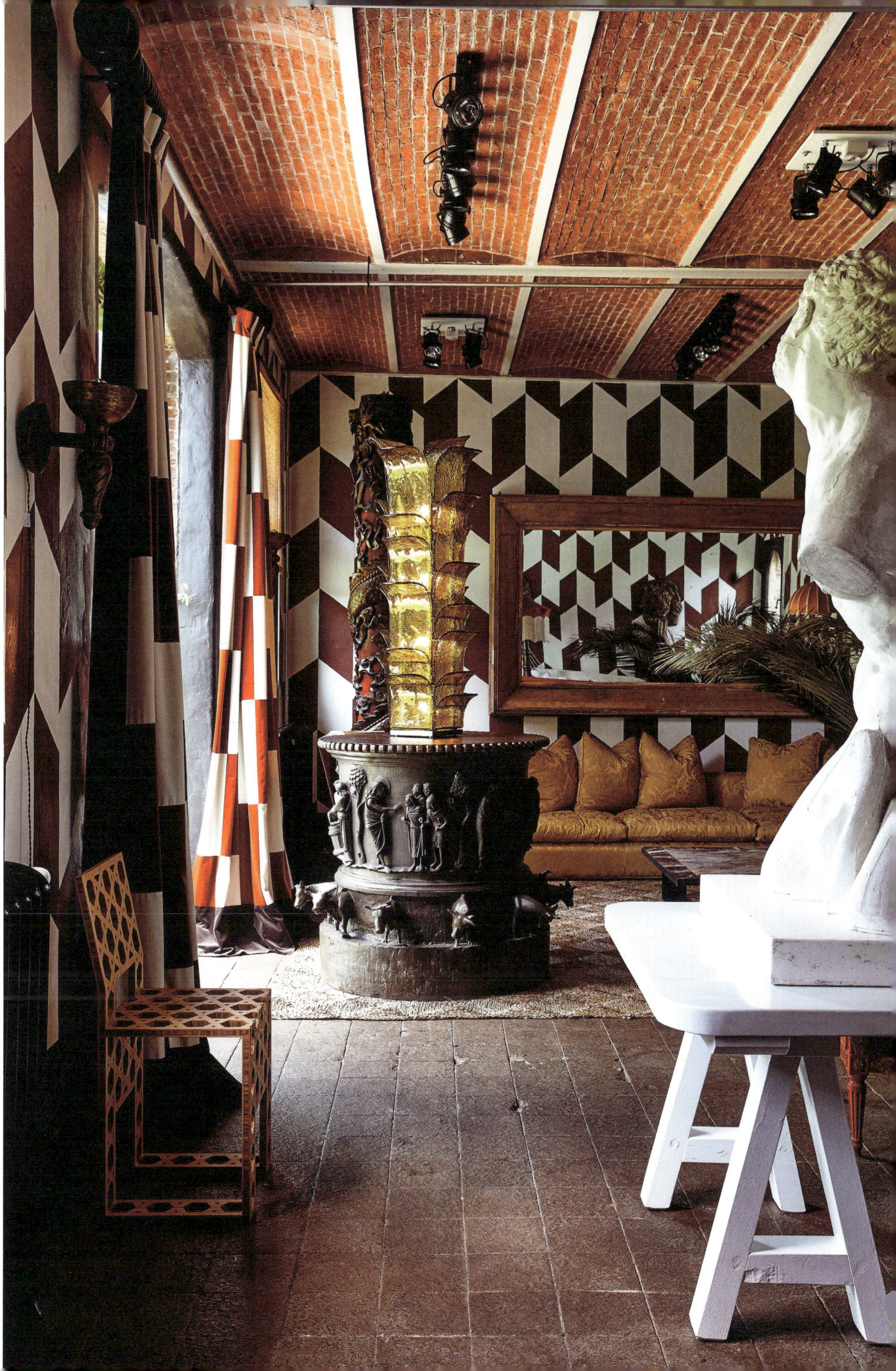

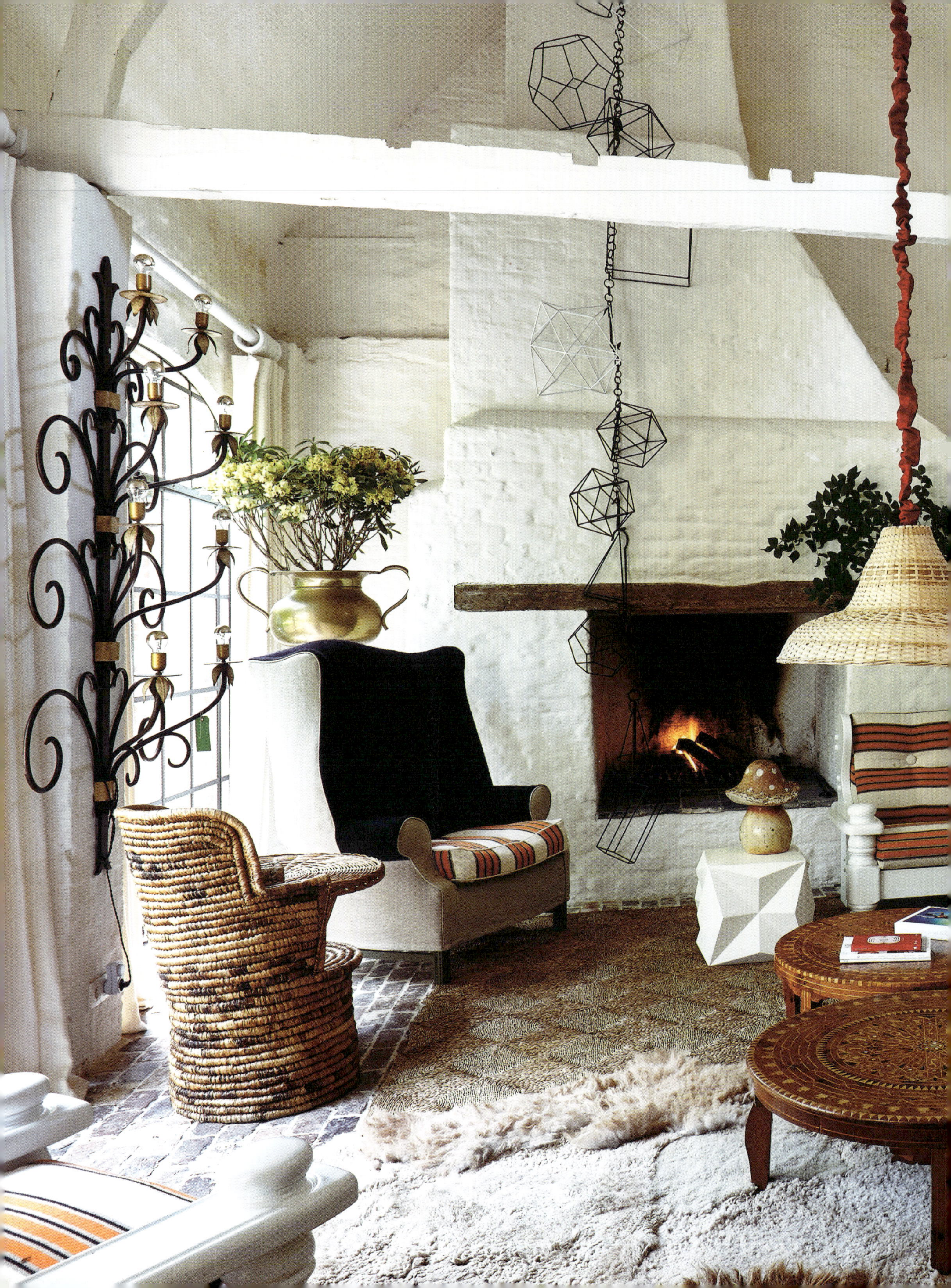

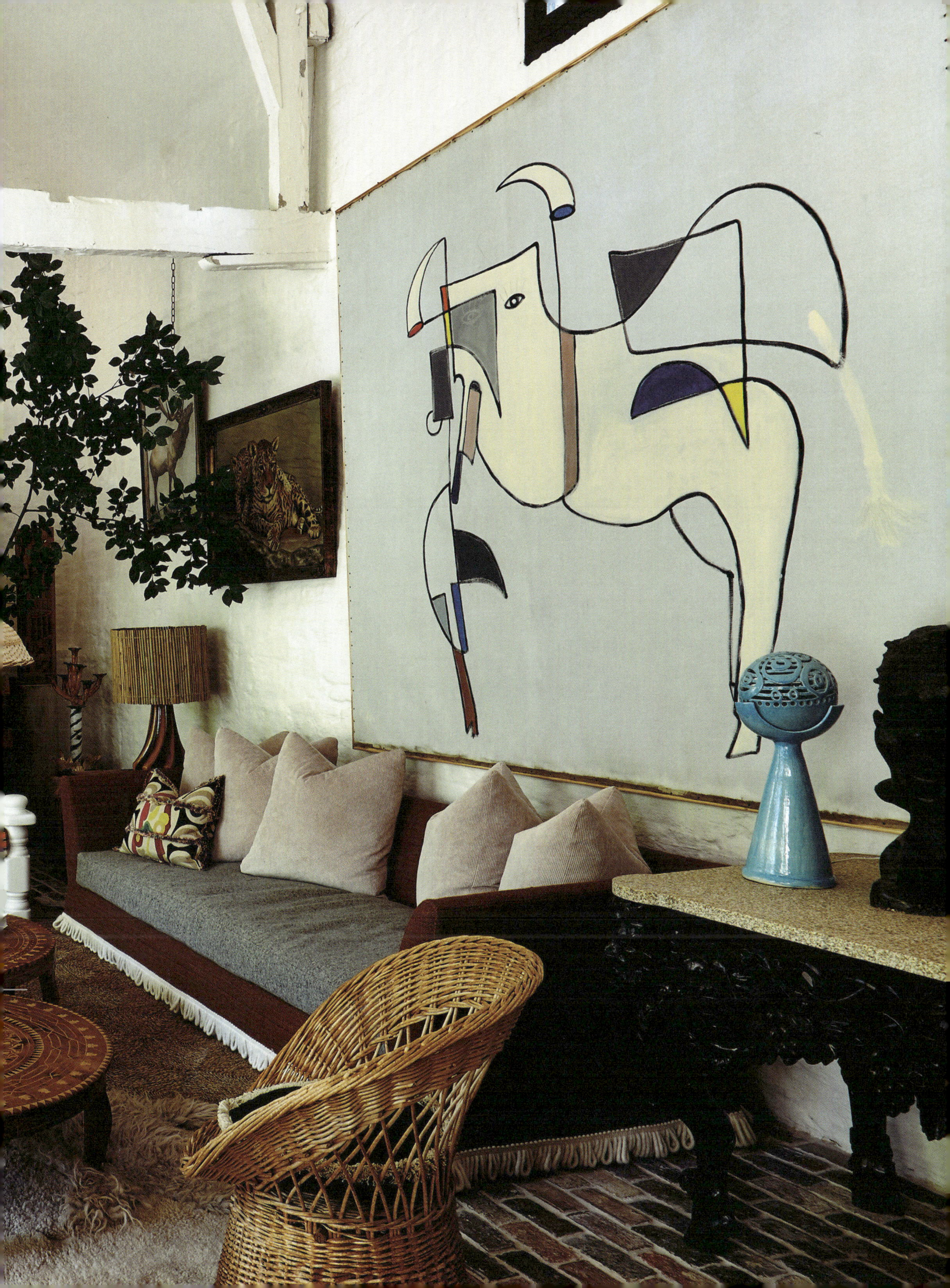

THiNK ECLECTIC

Sculptures THE COLLECTOR

When you enter this house, you will not immediately think you are in an architect's home. Moreover, our host, Olivier Dwek, builds houses in a very slick, persuasive style with roots in De Stijl and Bauhaus modernism. He juggles with large white volumes and flat roofs that somewhat shape his houses into sculptures. Much more than he will admit, this attraction to sculpture is what also inspires him as a collector. Still, something touched him in this 1935 house designed by Brussels architect Raphaël Delville. The art deco stamp definitely adorns this house, with, however, a few oriental accents. Just look at the vaulted ceilings: they are unusual and magnificent. Even though this is not the style of Olivier Dwek, his art and design collection is totally at home here. Since youth, he has collected art, often with a sculptural character. His furniture by Jean Prouvé, Poul Kjaerholm or George Nakashima shows his preference. Indeed, Dwek places them like sculptures in the room. Very large paintings such as the works by American artist Paul McCarthy also divide the space. It makes them part of the architecture, a bit like monumental sculptures have the same effect on streets and squares. This brings us straight to architecture and the great early love of Olivier Dwek: perspective. It is an experience to walk through this space with him and admire everything from various angles.

59　　　　　　　　　　　　　　　　　Sculptures

EN
In terms of architecture only, this home is unique. Look at the vaults and arches that appear everywhere. For architect Olivier Dwek, it resembles a street pattern with squares in which he installs monumental sculptures. Playing with scale provides additional visual interest. Since childhood, he has collected artwork and owns overblown names such as Paul McCarthy, Thomas Houseago, Gilbert and George, and Sterling Ruby.

NL
Alleen al qua architectuur is deze woning apart. Kijk naar de gewelven en bogen die overal opduiken. Voor architect Olivier Dwek lijkt dit wel een stratenpatroon met pleinen, waarop hij monumentale kunstwerken plaatst. Het spelen met de schaal zorgt voor een extra visuele ervaring. Hij verzamelt sinds zijn kinderjaren kunst en heeft ronkende namen in huis als Paul McCarthy, Thomas Houseago, Gilbert & George en Sterling Ruby.

FR
D'un point de vue architectural, cette maison est déjà particulière. Voyez les arcs et voûtes qui apparaissent partout. Pour l'architecte Olivier Dwek, il s'agit plutôt d'un plan de rues avec ses places où il dresse ses œuvres d'art monumentales. Sa conception du travail à l'échelle garantit une perception visuelle supplémentaire. Il collectionne les objets d'art depuis son enfance et possède chez lui des noms ronflants tels que Paul McCarthy, Thomas Houseago et Gilbert et George et Sterling Ruby.

NL Wie door deze woning stapt, heeft niet meteen de indruk te gast te zijn bij een architect. Bovendien bouwt onze gastheer, Olivier Dwek, in een heel strakke, overtuigende stijl met wortels in het modernisme van De Stijl en het Bauhaus. Hij jongleert met grote witte volumes en platte daken die van zijn woningen een soort sculpturen maken. Meer dan hij zelf beseft is het die hang naar 'beeldhouwwerken' die hem ook als collectioneur inspireert en passioneert.

Toch eerst iets over dit pand uit 1935, ontworpen door de Brusselse architect Raphaël Delville. Het huis draagt een duidelijke stempel van de art deco, maar met enkele oriëntaalse accenten. Kijk maar naar de gewelfde plafonds: ze zijn ongewoon en schitterend. Het is niet de stijl van Olivier Dwek, maar toch voelt zijn collectie kunst en design er zich thuis. Sinds zijn jeugd verzamelt hij kunst, niet zelden met een sculpturaal karakter, dat je ook terugvindt in de meubels van Jean Prouvé, Poul Kjaerholm en George Nakashima. Dwek plaatst ze immers als beeldhouwwerken in de ruimte. De echt grote beelden, zoals het werk van de Amerikaanse kunstenaar Paul McCarthy, verdelen ook de ruimte en maken op deze manier deel uit van de architectuur, een beetje zoals monumentale beelden dat doen op straten en pleinen. Zo komen we weer terecht bij de architectuur en bij de grote voorliefde van Olivier Dwek: het perspectief. Het is een belevenis om samen met hem door deze ruimte te stappen en alles vanuit verschillende hoeken te bekijken.

Sculptures

FR Quand on se promène dans cette maison, on n'a pas vraiment l'impression d'être l'invité d'un architecte. De plus, notre hôte, Olivier Dwek, construit dans un style fonctionnel, convaincant, puisant dans le modernisme de De Stijl et du Bauhaus. Il jongle avec les grands volumes blancs et les toits plats qui donnent à ses habitations des allures de sculptures. Cet attrait pour la sculpture l'inspire et le passionne aussi en tant que collectionneur.

Quelques mots d'abord à propos de cette maison créée en 1935 par l'architecte bruxellois Raphaël Delville. Elle porte de toute évidence le sceau de l'art déco, mais avec quelques accents orientaux. Voyez les plafonds voûtés : ils sont inhabituels et splendides. Ce n'est pas le style d'Olivier Dwek et pourtant, sa collection d'art et de design y sied à merveille. Depuis qu'il est jeune, il rassemble des objets d'art à caractère parfois sculptural, comme celui que l'on retrouve aussi dans les meubles de Jean Prouvé, Poul Kjaerholm ou George Nakashima. Dwek les dispose d'ailleurs dans l'espace, comme des sculptures. Les sculptures de très grande taille, dont celle du plasticien américain Paul McCarthy, divisent l'espace et font ainsi partie de l'architecture, un peu comme les sculptures monumentales qui se dressent dans les rues et sur les places. Nous retrouvons ainsi l'architecture et la grande prédilection d'Olivier Dwek : la perspective. Pouvoir déambuler avec lui dans cet espace et découvrir le tout sous différents angles est une expérience unique.

Sculptures

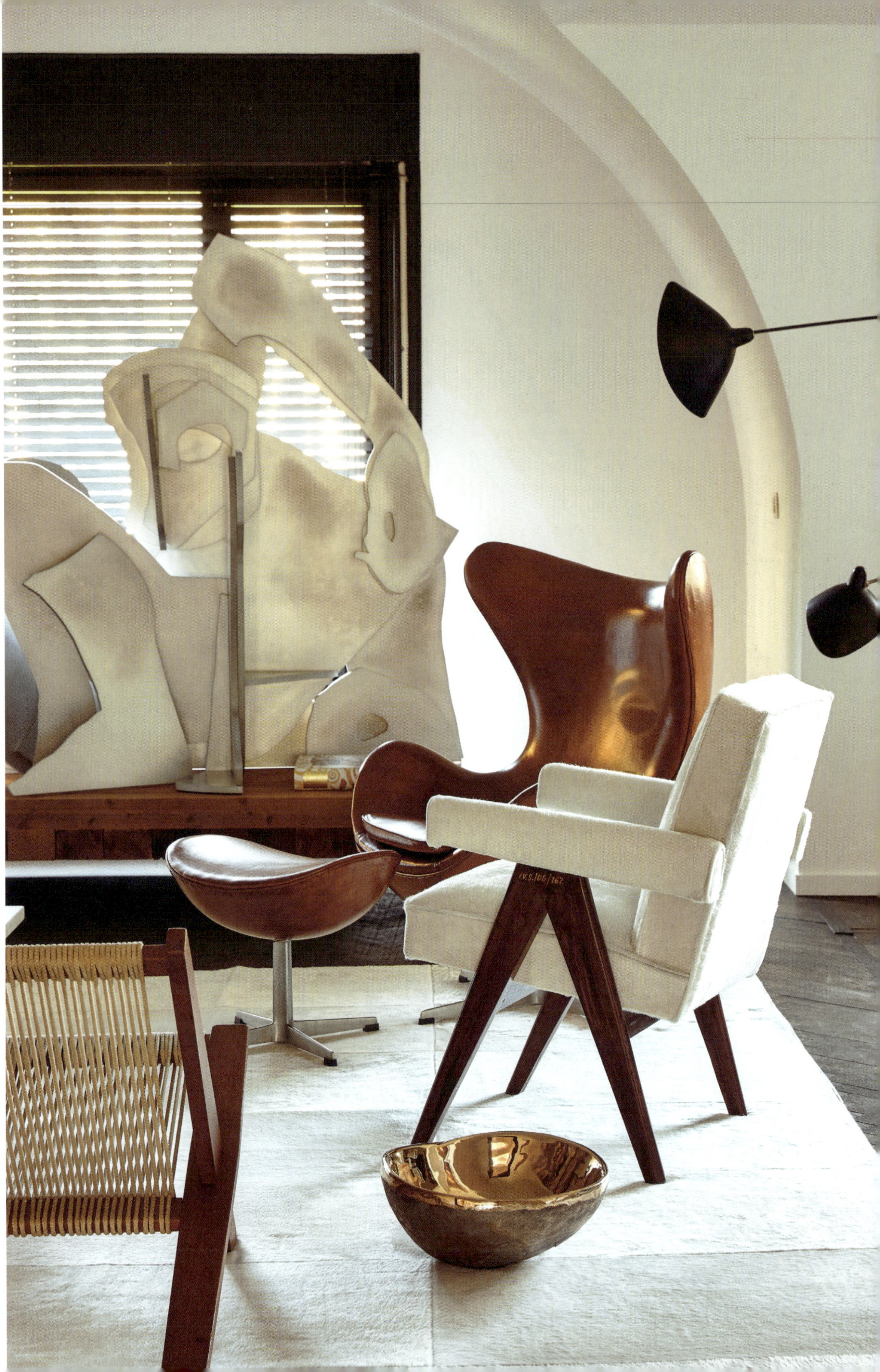

EN
However, Dwek is also a fan of design by architects and artists. Hence, you will see furniture designed by Pierre Jeanneret for Chandigarh, as well as creations by Poul Kjaerholm, Arne Jacobsen, Jean Prouvé, Ado Chale, and George Nakashima. He also creates a direct link with the architecture, since many of the furniture pieces resemble buildings in terms of construction. Dwek is not only an eclectic collector; his interior is arranged like a museum.

NL
Maar Dwek is ook tuk op design van architecten en kunstenaars. Zo zie je heel wat meubilair van Pierre Jeanneret ontworpen voor Chandigarh, alsook creaties van Poul Kjaerholm, Arne Jacobsen, Jean Prouvé, Ado Chale en George Nakashima. Hij legt ook meteen verbanden met de architectuur, want qua constructie lijken veel van deze meubels op gebouwen. Dwek is niet alleen een eclectische collectioneur, zijn interieur is een installatie met museale allures.

FR
Mais Dwek raffole aussi du design d'architectes et d'artistes. On rencontre par exemple du mobilier de Pierre Jeanneret conçu pour Chandigarh, ainsi que des créations de Poul Kjaerholm, Arne Jacobsen, Jean Prouvé, Ado Chale et George Nakashima. Il établit aussitôt des liens avec l'architecture car, en matière de construction, beaucoup de ces meubles ressemblent à des bâtiments. Dwek n'est pas seulement un collectionneur éclectique, son intérieur est une installation aux allures de musée.

Sculptures

Sculptures

EN
The room on the garden side, actually a dining room, is also a sort of square featuring Paul McCarthy's monumental sculpture. Behind furniture by Jeanneret hangs an impressive piece by Sterling Ruby. On the table, a ceramic by Danish artist Bente Skjottgaard.

NL
Ook de kamer aan de tuinzijde, eigenlijk een eetkamer, is een soort plein waarop het monumentale beeld staat van Paul McCarthy. Achter de meubels van Jeanneret hangt een imposant werk van Sterling Ruby. Op de tafel staat keramiek van de Deense kunstenares Bente Skjottgaard.

FR
La pièce côté jardin, une salle à manger en fait, est une sorte de place sur laquelle se dresse la statue monumentale de Paul McCarthy. Derrière les meubles de Jeanneret est suspendue une œuvre imposante de Sterling Ruby. Sur la table, on aperçoit de la porcelaine de l'artiste danoise Bente Skjottgaard.

THiNK ECLECTIC

Art & Design

STARCK, SOTTSASS & CO

Whether in Paris, London or Amsterdam, you are guaranteed to bump into someone who knows Jean-Claude Jacquemart's vintage antique store, straight across from the Victor Horta museum in Ixelles. This is no flashy interior design studio; it is a small art gallery where for many years he has been showcasing a unique mix of antiques, modern art, and vintage design. In New York or London, a business like this one would be less accessible since in those cities, design antique dealers usually receive customers by appointment. Here, you can simply walk in. His apartment is also filled with unique finds. For the last few years, Jean-Claude has been living in a 1970s penthouse where the decor changes often since he manages to snap up new things weekly. Of course, some objects and pieces of furniture remain: the French Louis XV chest of drawers, a family heirloom, and his Italian design lamps from the 1950s. The apartment is a semi-open space with a mezzanine that leads to the sleeping area. Everywhere, walls display artwork or bookshelves stuffed with readings and objects. There is even a painting above the bathtub. These works are from very diverse artists: Borek Sipek, Bram van Velde, Starck, Sottsass, and Noguchi. Jean-Claude explains: "For me, an interior should not be too bourgeois; I love jokes, humour, playful modern accents, some artistic nonchalance, crazy lamps with unusual shapes, and artwork full of surprises."

Art & Design

EN
For Jean-Claude Jacquemart, the distinction between art and design is barely palpable, particularly in his own house where the mix is intense. He considers some light fixtures as sculptures. Most of the artwork such as the painting by Paolo Scheggi (previous page) in his bedroom is never displayed in his gallery. His penthouse has an open structure with intimate corners such as the library with Paolo Deganello's Torso: also more sculpture than furniture.

NL
Voor Jean-Claude Jacquemart is de scheiding tussen kunst en design amper tastbaar, zeker in zijn eigen woning waar de mix heel intens is. Sommige lampen beschouwt hij als sculpturen. De meeste kunstwerken, zoals het schilderij van Paolo Scheggi in zijn slaapkamer (vorige pagina), komen nooit in zijn galerie terecht. Zijn dakappartement heeft een open structuur met intieme hoeken, zoals de bibliotheek met de Torso van Paolo Deganello: ook meer sculptuur dan meubel.

FR
Pour Jean-Claude Jacquemart, la séparation entre l'art et le design est à peine tangible, certainement dans sa propre maison où le mélange est d'une grande intensité. Il considère certaines lampes comme des sculptures. La plupart des œuvres d'art, dont le tableau de Paolo Scheggi (page précédente) dans sa chambre à coucher, n'aboutiront jamais dans sa galerie. Son appartement-terrasse a une structure ouverte avec des coins intimes comme la bibliothèque avec le Torso de Paolo Deganello : il s'agit plus d'une sculpture que d'un meuble.

NL
Je loopt in Parijs, Londen of Amsterdam al snel iemand tegen het lijf die de zaak van vintageantiquair Jean-Claude Jacquemart kent, recht tegenover het Victor Hortamuseum in Elsene. Het is geen opvallende interieurzaak, maar een kleine kunstgalerie die al jaren een originele mix aanbiedt van oudheden, moderne kunst en vintage design. In New York of Londen zou zo'n zaak minder toegankelijk zijn, omdat de designantiquairs daar meestal op afspraak werken. Hier stap je gewoon binnen. Jacquemarts flat staat eveneens vol fijne hebbedingen. Sinds enkele jaren bewoont hij een dakappartement uit de jaren 1970, waarvan het decor snel verandert, omdat hij wekelijks iets nieuws op de kop tikt. Een paar objecten en meubels blijven altijd staan, zoals de Franse Lodewijk xv-commode uit familiebezit en zijn Italiaanse designlampen uit de jaren 1950. De flat bestaat uit een halfopen ruimte met een mezzanine die naar de slaapvertrekken leidt. Overal hangen kunstwerken aan de muren en de bibliotheken zijn volgestouwd met boeken en objecten. Er hangt zelfs kunst boven het bad. De auteurs zijn van een diverse pluimage, van Borek Sipek tot Bram van Velde, Starck, Sottsass en Noguchi. 'Voor mij mag het er allemaal niet te burgerlijk uitzien, ik hou van grapjes, humor, speelse moderne accenten, wat artistieke nonchalance, gekke lampen met ongewone vormen en kunstwerken die blijven verrassen', vertrouwt Jean-Claude ons toe.

FR
Le commerce de l'antiquaire vintage Jean-Claude Jacquemart, situé face au musée Victor Horta à Ixelles, jouit d'une notoriété qui va bien au-delà de nos frontières. C'est vrai qu'il ne s'agit pas d'une simple boutique, mais d'une petite galerie d'art qui propose depuis de nombreuses années un assortiment original d'antiquités, d'art moderne et de design vintage. À New York ou à Londres, ce genre de commerce serait moins accessible parce que les antiquaires designers travaillent le plus souvent sur rendez-vous. Ici, il vous suffit de pousser la porte. L'appartement de Jacquemart regorge lui aussi de gadgets. Depuis quelques années, il occupe un penthouse des années 1970 dont le décor change très vite car chaque semaine, il déniche une nouveauté. Certains meubles et objets sont en revanche immuables. C'est notamment le cas d'une commode Louis XV qui est un bien de famille et de ses lampes design italiennes des années 1950. L'appartement se compose d'un espace semi-ouvert avec une mezzanine qui mène aux chambres. Les murs sont tapissés d'œuvres d'art et les bibliothèques débordent de livres et d'objets. Une œuvre d'art est même accrochée au-dessus de la baignoire. Les auteurs viennent d'horizons différents, de Borek Sipek à Bram van Velde, Starck, Sottsass et Noguchi. « Je n'aime pas tout ce qui est trop bourgeois. J'aime les blagues, l'humour, les accents fantaisistes modernes, un peu de nonchalance artistique, les lampes farfelues aux formes inhabituelles et les œuvres d'art qui ne cessent de surprendre », nous confie Jean-Claude.

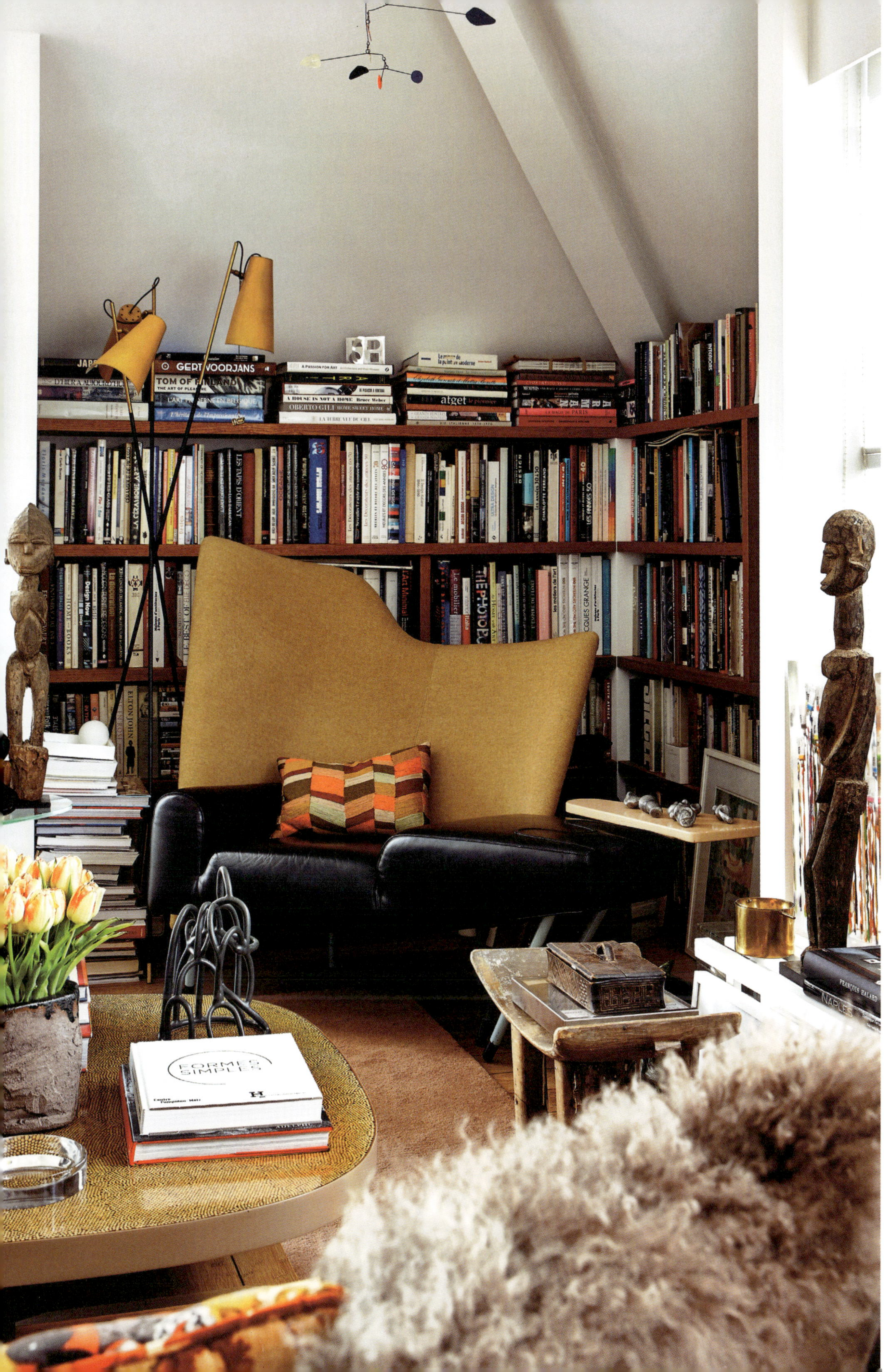

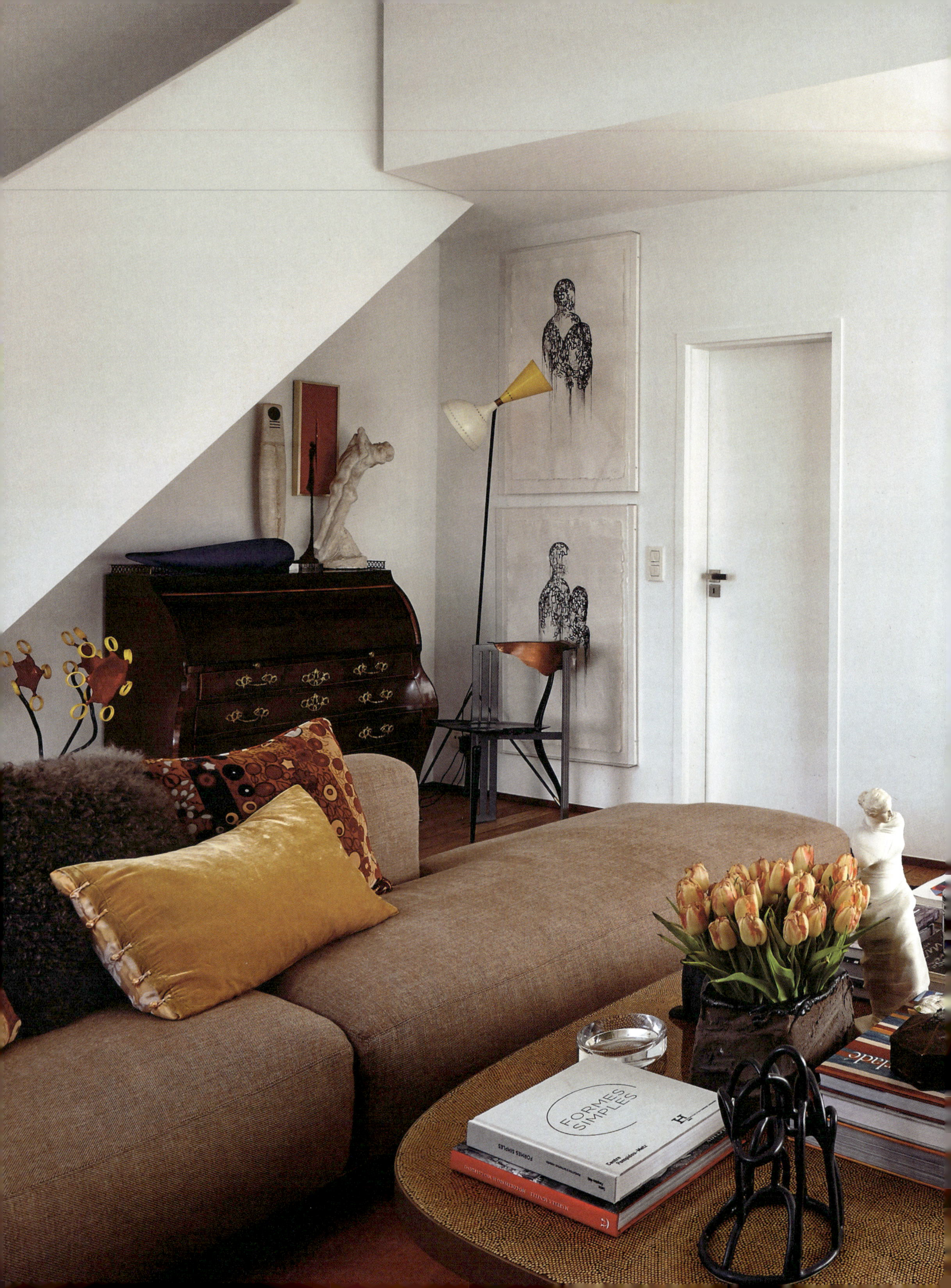
FORMES SIMPLES

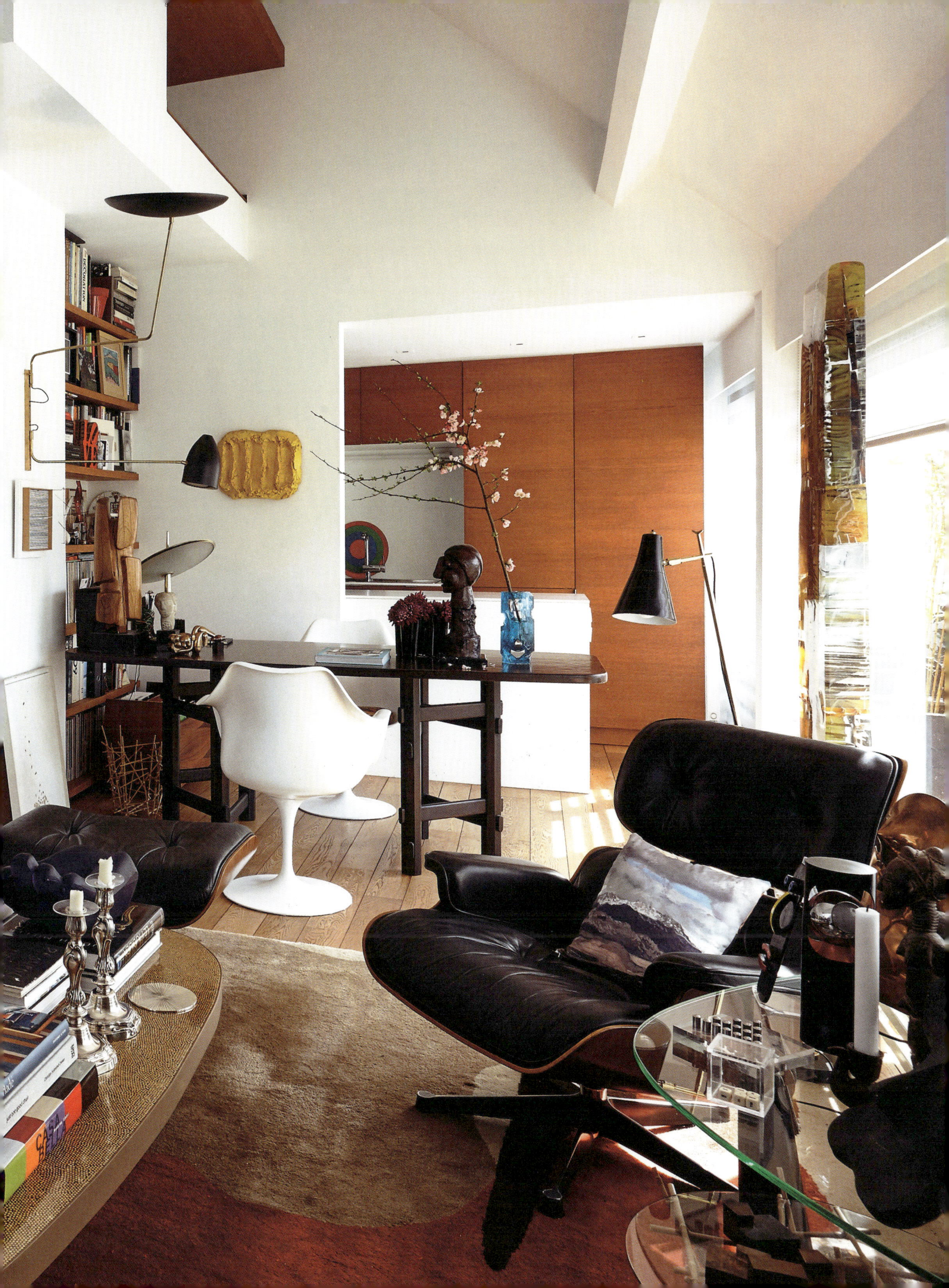

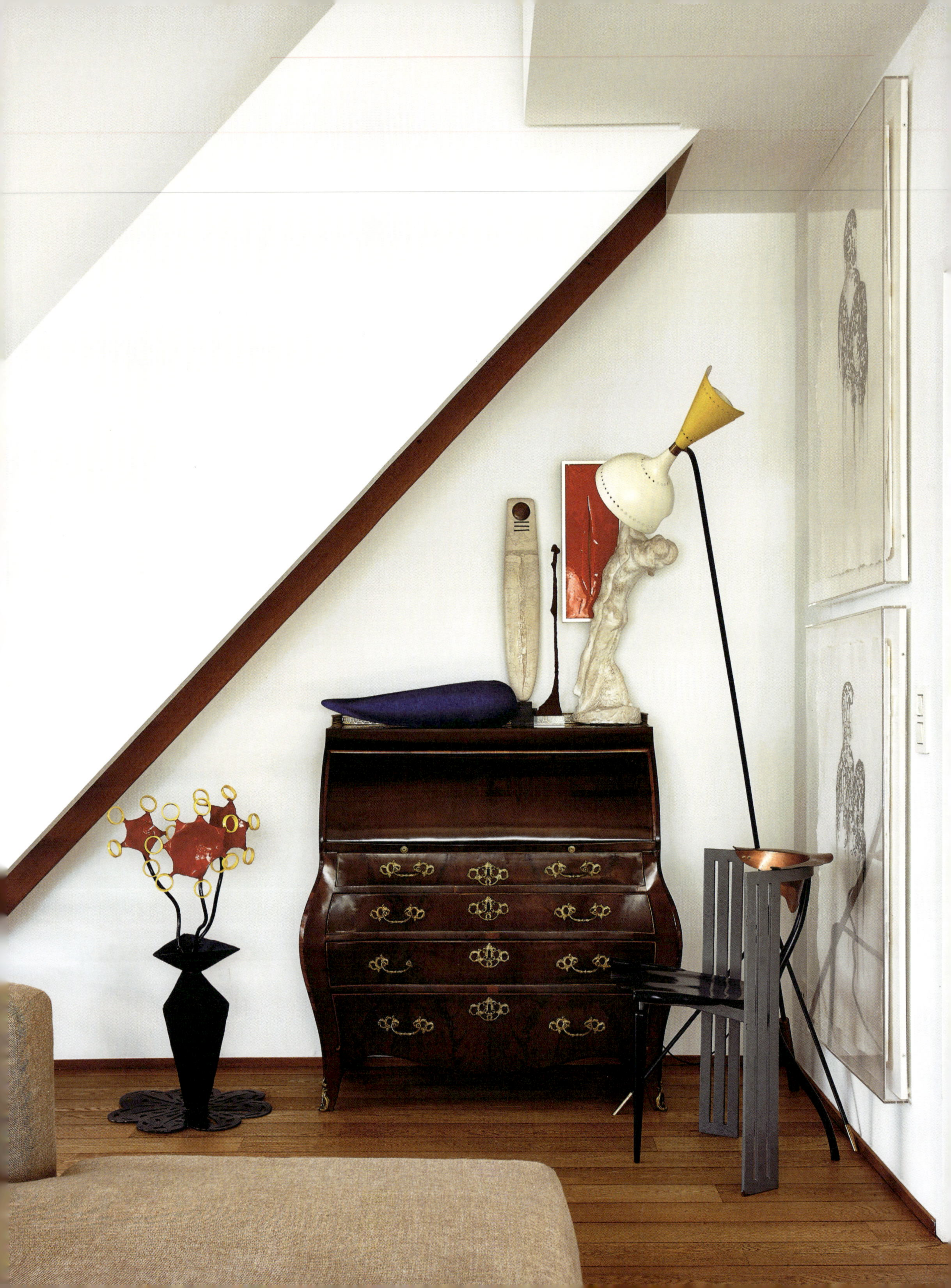

EN
Jean-Claude has always kept his Holland desk and actually predicts a return of antiquities in interiors, albeit mixed with specific design. The chair next to the desk is a Borek Sipek design; the blue sculpture on the desk is by Starck. Everywhere, you notice magnificent Italian lamps from the Fifties and numerous paintings hanging from the walls.

NL
Jean-Claude heeft altijd zijn antiek Hollands bureau bijgehouden en voorspelt trouwens een terugkeer van de oudheden in het interieur, weliswaar gemixt met bijzonder design. De stoel naast het bureau is van Borek Sipek, de blauwe sculptuur van Starck. Overal merk je schitterende Italiaanse lampen uit de fifties en hangen de wanden vol kunstwerken.

FR
Jean-Claude a toujours maintenu son secrétaire hollandais d'époque et prédit d'ailleurs un retour aux antiquités dans les intérieurs, agencées toutefois avec un design particulier. La chaise à côté du bureau est de Borek Sipek, la sculpture bleue sur le meuble de Starck. Partout, vous remarquez de magnifiques lampes italiennes des fifties et les murs sont recouverts d'œuvres d'art.

Art & Design

EN
Not everything has a 'name'. The curious visitor will also find anonymous creations with interesting shapes, says Jean-Claude Jacquemart. One of them is the chair in the bedroom, an Arts & Crafts piece from Denmark. He loves a busy interior, although each object was assigned a carefully chose location; to create a peaceful atmosphere, all walls and ceilings are painted white.

NL
Niet alles heeft een 'naam'. Wie wat speurneust, ontdekt ook anoniem design met een interessante vorm, aldus Jean-Claude Jacquemart. Zoals de houten stoel in de slaapkamer, een Arts & Crafts meubel uit Denemarken. Hij houdt van een druk interieur, maar elk object krijgt een welbestudeerde plaats. Om de rust te bewaren zijn alle wanden en plafonds wit geverfd.

FR
Tout ne porte pas un « nom ». « En cherchant bien, vous découvrirez aussi du design anonyme aux formes intéressantes », dit Jean-Claude Jacquemart. Ainsi par exemple la chaise en bois dans la chambre à coucher, un meuble Arts&Crafts du Danemark. Il apprécie un intérieur bien fourni mais chaque objet occupe une place bien définie et, afin de maintenir la sérénité, tous les murs et plafonds sont peints en blanc.

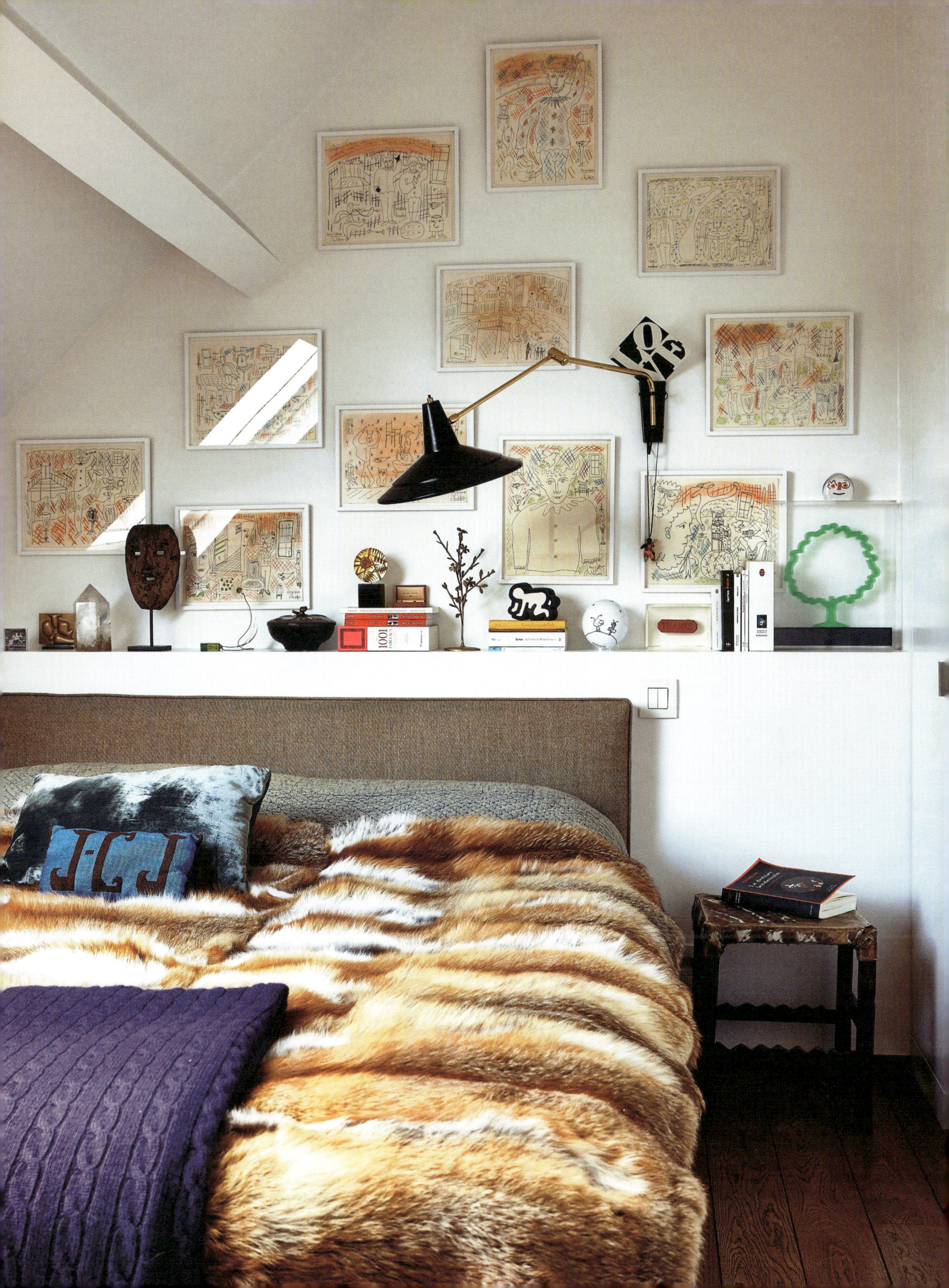

THiNK ECLECTIC

Film Decor

ARTISTIC ADVENTURE

Lionel Jadot is known as a highly eccentric interior designer; however, he is also famous for having directed several films. He now reveals himself as a visual artist. His lively, ever-dynamic mix of talents is totally anchored in his interior. He and his family live in an old castle outbuilding in Tervuren. His home is truly a film set where every corner radiates a different atmosphere. Lionel Jadot is the *homo eclecticus* by excellence. He grew up above the family workshop where beautiful furniture was created in the most diverse styles. He became a collector at a very young age. He really loves all styles and periods; he sees art history as an archaeological site with layers from many centuries and various cultures open to the collector. However, the key is mix and mystery. In this vast house in a large park, he has succeeded in creating a surprisingly mysterious interior. His design work takes him everywhere, in Europe and beyond. His journeys allow him to absorb all sorts of impressions; he then processes them into truly sumptuous, provocative decors. He is not afraid to use theatrical accents. Lionel likes to point out that Brussels could very well be the most eclectic city in Europe, with its jumble of styles in every street. From this diversity emerges a kind of harmony: sometimes quite classic, and still respectably surrealistic.

Film Decor

EN
Lionel Jadot is an outsider from the Belgian scene. His interior and artistic creations show his true nature. His interior is a mirror of his soul. It is unusually eclectic and spontaneous. Contrary to many other interiors, nothing here has a fixed place. The house is surrounded by nature; it was part of a castle. He created the architecture totally by hand. Jadot has also worked for the cinema and is inspired by film decors.

NL
In de Belgische scene is Lionel Jadot een buitenbeentje. Dat merk je het best aan zijn interieur en artistieke creaties. Dit interieur is de spiegel van zijn ziel. Het is buitengewoon eclectisch en spontaan gegroeid. In tegenstelling tot vele andere interieurs heeft niets hier een vaste stek. Het huis staat in het groen en hoorde ooit bij een kasteel. Hij zette de architectuur helemaal naar zijn hand. Jadot werkte ook voor de film en laat zich inspireren door filmdecors.

FR
Sur la scène belge, Lionel Jadot est un cas à part. Son intérieur et ses créations artistiques en sont la preuve. Cet intérieur est le reflet de son âme. Il est extrêmement éclectique et a grandi spontanément. Contrairement à beaucoup d'autres intérieurs, rien n'a de place prédéfinie ici. La maison est située dans un cadre de verdure et faisait jadis partie d'un château. Il a complètement modelé l'architecture à sa main. Jadot a déjà travaillé pour le cinéma et s'est inspiré des décors de films.

NL Lionel Jadot heeft niet alleen naam en faam verworven als hoogst originele en excentrieke interieurontwerper, hij realiseerde ook enkele films en ontpopt zich nu bovendien als beeldend kunstenaar. Zijn levende en immer dynamische mix zit helemaal verankerd in zijn interieur. Hij bewoont met zijn gezin een vroegere dependance van een kasteel in Tervuren. Zijn woning is gewoon een filmdecor waarvan elke hoek een andere sfeer uitstraalt. Lionel Jadot is de homo eclecticus par excellence. Hij groeide op boven het familieatelier waar prachtige meubels werden gemaakt in de meest diverse stijlen. Al heel jong sloeg hij aan het verzamelen. Hij houdt gewoon van alle stijlen en tijdperken en ziet de gehele kunstgeschiedenis als een archeologische site met vele lagen uit talrijke eeuwen en culturen, waaruit je vrij mag plukken. Maar het gaat om de mix én het mysterie. Zijn interieur in dit ruime huis in het grote park is behoorlijk geheimzinnig. Via zijn ontwerpen is hij overal actief, in en buiten Europa. Zo absorbeert hij gretig allerlei indrukken om ze later te verwerken tot vrij somptueuze en gedurfde decors. Hij is niet bang voor theatrale accenten. Lionel wijst er graag op dat Brussel immers zowat de meest eclectische stad is van Europa, met een wirwar aan stijlen in elke straat. Precies door deze mix ontstaat er een harmonie, soms vrij klassiek en tegelijk behoorlijk surrealistisch.

FR Lionel Jadot s'est fait un nom et une réputation en tant que créateur d'intérieurs originaux et excentriques. Il a aussi réalisé quelques films et fait ses preuves en tant qu'artiste visuel. Ce mix vivant et dynamique est profondément ancré dans son intérieur. Il occupe avec sa famille une ancienne dépendance d'un château à Tervueren. Son habitation est un vrai décor de film dont chaque recoin respire une atmosphère différente. Lionel Jadot est l'*homo eclecticus* par excellence. Il a grandi au-dessus de l'atelier familial où l'on fabriquait de superbes meubles de tous styles confondus. Très jeune encore, il se mit à collectionner. Il aime tous les styles et toutes les époques, et il conçoit l'histoire de l'art comme un site archéologique richement stratifié tant en termes d'époques que de cultures, dans lequel il peut puiser librement. Mais pour lui, tout réside dans le mélange et le mystère, comme en témoigne l'intérieur de sa vaste maison située dans le grand parc du château. Ses projets le conduisent partout en Europe et même au-delà. Il y absorbe avidement toutes sortes d'impressions avant de les convertir en des décors somptueux et osés. Il ne craint pas les accents théâtraux. Lionel se plaît d'ailleurs à dire que Bruxelles est la ville la plus éclectique d'Europe avec un mélange de styles dans chaque rue. C'est précisément cet amalgame qui crée une harmonie, parfois très classique mais à la fois surréaliste.

Film Decor

EN
This is a baroque country house full of extravagant accents. Look for instance at the Oriental cabinet to which he has given an artistic twist. Everything is original, including the garments promoted to curtains. Lionel loves robust furniture with character, and creates sitting areas everywhere, as in the Moorish houses of yesteryear.

NL
Dit is een barok landhuis vol extravagante accenten. Kijk maar naar de oosterse kast die hij een artistieke twist gaf. Alles is origineel, ook de tot gordijnen gepromoveerde kledij. Lionel houdt van forse meubels met karakter en creëert overal zithoeken, zoals in de Moorse landhuizen van weleer.

FR
C'est un manoir baroque aux accents extravagants. Voyez cette armoire orientale à laquelle il a conféré un caractère artistique. Tout est original, jusqu'aux vêtements promus au rang de rideau. Lionel aime les meubles robustes de caractère et crée partout des coins salons, comme dans les manoirs mauresques de jadis.

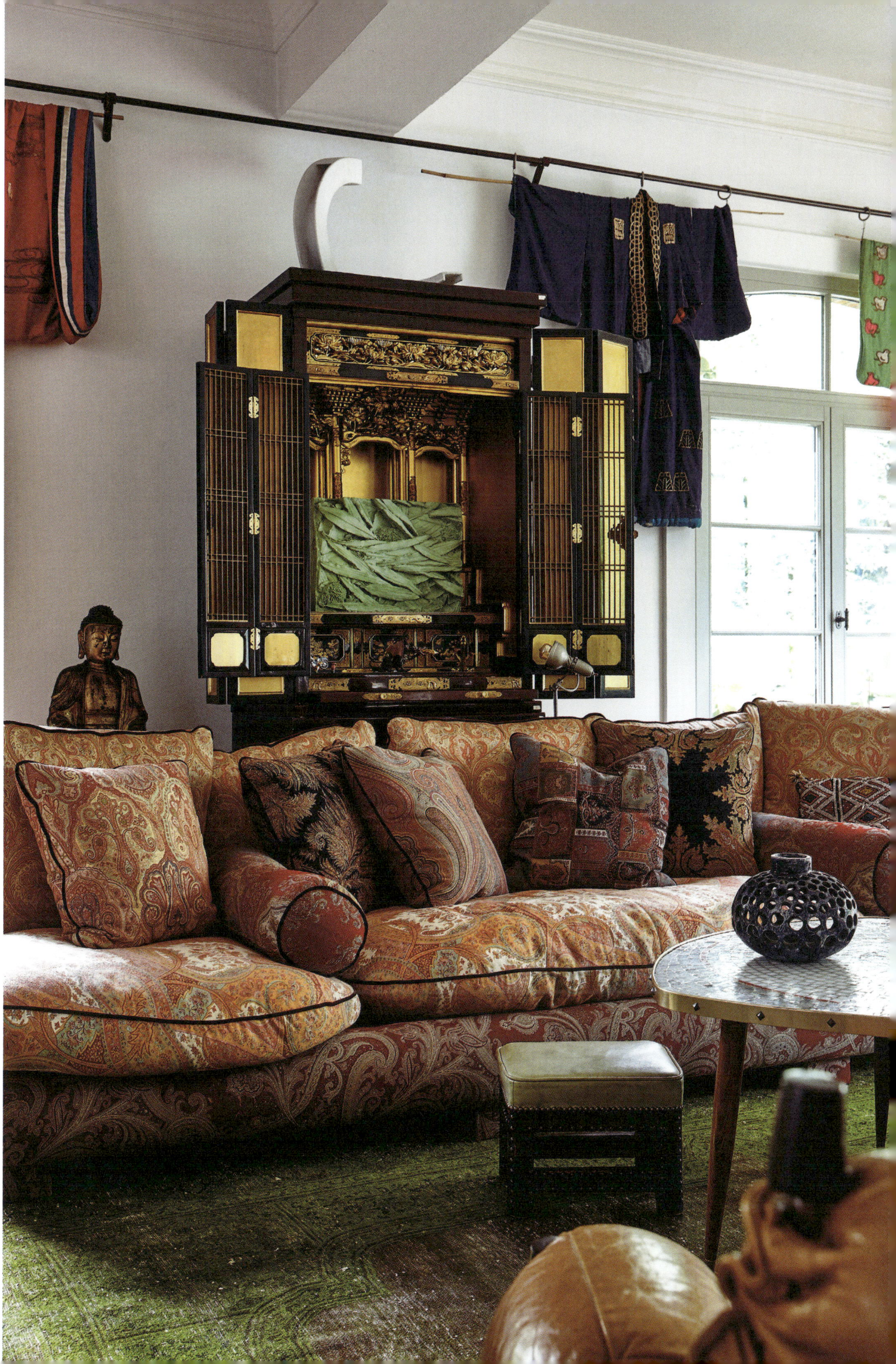

Film Decor

Film Decor

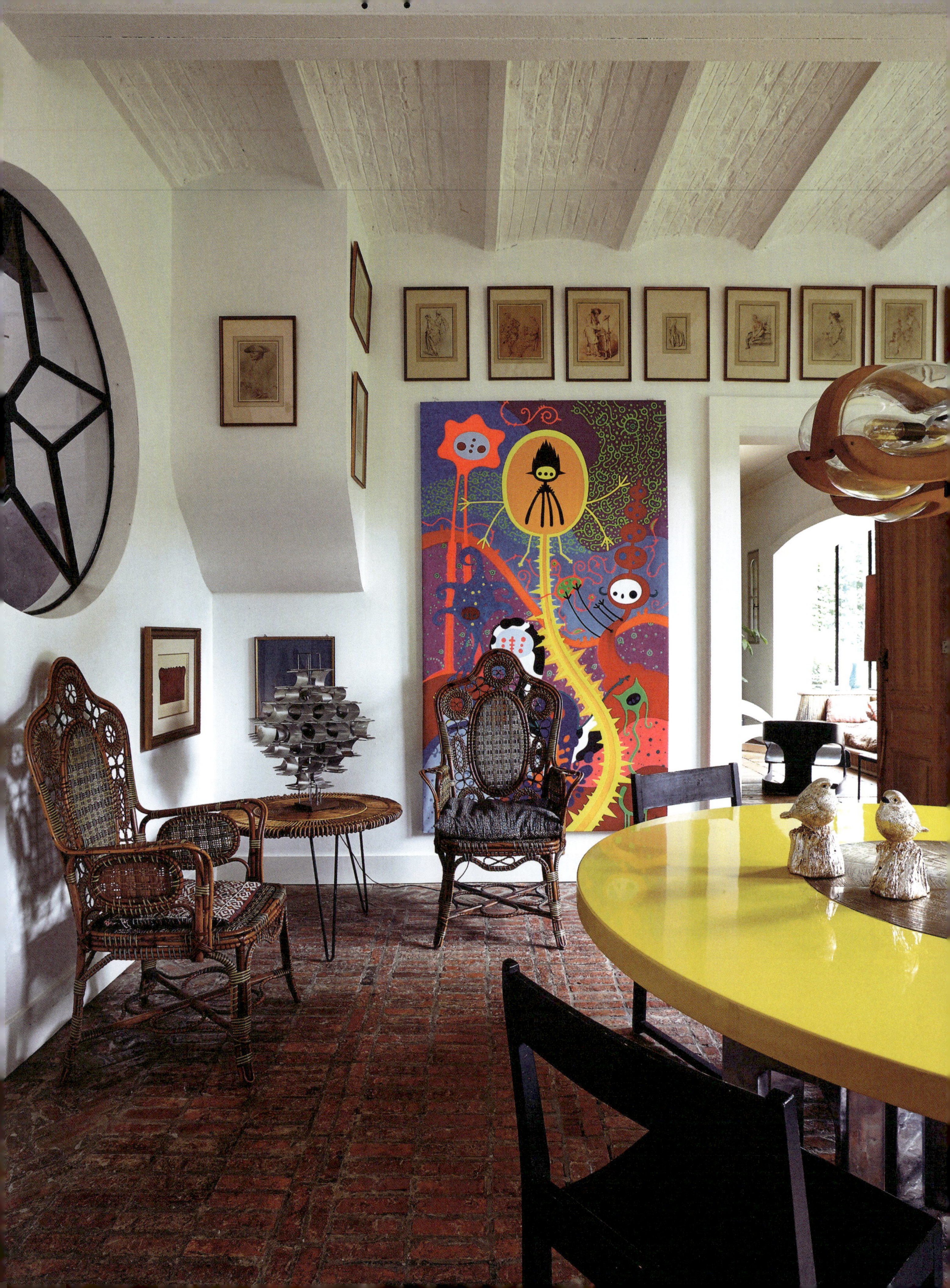

EN
He also creates sculptural design that escapes the tool. In his home, you will notice unusual lamps designed as floating sculptures. He also integrates the colours of the street into his home. Here, you can see the pallet of a contemporary shopping street, condensed into an intimate art room with street art and graffiti.

NL
Hij ontwerpt ook sculpturale design die ontsnapt aan het louter functionele. In zijn woning ontdek je bijzondere lampen, ontworpen als zwevende sculpturen. De kleuren van de straat integreert hij in zijn huis. Hier zie je het palet van een hedendaagse winkelstraat, gecondenseerd tot een intieme *Kunstkammer* met *street art* en graffiti.

FR
Il crée aussi du design sculptural qui échappe à tout usage courant. Dans sa maison, on découvre des lampes particulières conçues comme des sculptures flottantes. Il intègre les couleurs de la rue à son habitation. Vous découvrez ici la palette d'une rue commerçante contemporaine, condensée en une intime *Kunstkammer* comprenant de l'art urbain et des graffitis.

THiNK ECLECTIC

Multicultural   ABSTRACT PAINTINGS

When Koenraad Uyttendaele and Jacqueline Dehond met designer Maarten Van Severen during their student years, they acquired several prototypes of his tables. In those days, they also enriched their interior with a few Bauhaus pieces that were easy to find at the time. First, they felt a powerful attraction to the geometric, abstract shape concept. Eventually, this resulted in a common artistic project in which they create, under the name Jacqy duVal, monumental paintings with subtle colour surfaces. Their abstract work is displayed everywhere in their interior, creating, as we see it, a very unique colour palette. Each room is in a different hue. There are dark, airy spaces, with sober or busy furnishings. They both come from families who collected art and antiques. This explains the Japanese prints, Chinese porcelain, Moorish ceramics, oriental rugs, and Levant furniture. They have a clear preference for oriental adornment. This symbiosis results in a unique interior filled with abstract paintings and all sorts of antiques, tied in together in a modern manner. They see their spacious home as a sort of workshop where they experiment with colour, shapes, and objects. This is not a static layout: every few months, things change.

Multicultural

EN Everywhere in the house, you can see abstract paintings by Jacqy duVal: they are more than reference points; in one way or another, they summarize the interior. The residents are also avid collectors who love antiquities from the Middle East and Far East where they admire not only the adornments but also the colours. These have an immediate link with their visual artwork. Here, you see a table by Maarten Van Severen, used as a desk, next to two antique tubular chairs by Mies van der Rohe.

NL Overal in de woning ontdek je de abstracte schilderijen van Jacqy duVal, die meer zijn dan sterke ijkpunten: op de een of andere manier resumeren ze het interieur. De bewoners zijn verwoede verzamelaars en zijn tuk op oudheden uit het Midden- en Verre Oosten, waarvan ze niet enkel de ornamentiek, maar ook de kleuren bewonderen. Dit is meteen de link met hun beeldend werk. Hier zie je de tafel van Maarten Van Severen die als bureau wordt gebruikt, met daarnaast twee antieke buisstoelen van Mies van der Rohe.

FR Partout dans la maison, vous découvrez les peintures abstraites de Jacqy duVal qui sont plus que des points de référence ; d'une certaine manière, elles résument l'intérieur. Les occupants de la maison sont des collectionneurs acharnés qui raffolent d'antiquités en provenance des Moyen- et Extrême-Orient, dont ils admirent non seulement la qualité décorative mais aussi les couleurs. Voici donc le lien avec leur art visuel. Vous voyez ici la table de Maarten Van Severen qui est utilisée comme bureau avec, à côté, deux chaises antiques en tube de Mies van der Rohe.

NL Toen Koenraad Uyttendaele en Jacqueline Dehond in hun studententijd designer Maarten Van Severen leerden kennen, verwierven ze enkele prototypes van zijn tafels. In die tijd verrijkten ze hun interieur ook met wat Bauhausdesign, dat je toen makkelijk kon vinden. Ze voelen zich sterk aangetrokken tot de geometrisch abstracte vormentaal, wat resulteerde in een gemeenschappelijk artistiek project. Onder de naam Jacqy duVal maken ze samen monumentale schilderijen met subtiele kleurvlakken. Hun abstracte werk is alom present in het interieur, dat ons op zich ook al een bijzonder kleurenpalet laat zien. Elke kamer heeft immers een andere tint. Er zijn donkere en lichte vertrekken, met een sobere of een drukke aankleding. Beiden komen uit families die kunst en oudheden verzamelden, vandaar de Japanse prenten, het Chinese porselein, de Moorse keramiek, de oosterse tapijten en de meubels uit de Levant. Voor oriëntaalse ornamenten hebben ze een bijzondere voorkeur. Uit de hedendaagse manier waarop abstracte kunstwerken en allerlei oudheden zijn samengebracht ontstaat een speciaal en heel eigen interieur. Ze beschouwen hun ruime huis trouwens als een soort atelier waar ze experimenteren met kleuren, vormen en objecten. Dit is dus geen statisch gegeven, maar een project in voortdurende evolutie waar verandering hoogtij viert.

FR Lorsque Koenraad Uyttendaele et Jacqueline Dehond rencontrèrent le designer Maarten Van Severen lors de leurs études, ils lui achetèrent quelques prototypes de tables. À la même époque, ils agrémentèrent leur intérieur de quelques pièces design de style Bauhaus qu'on se procurait facilement. Ils se sentaient tous deux très attirés par le langage des formes géométriques et abstraites, ce qui résulta en un projet artistique commun. Sous le nom de Jacqy duVal, ils créent ensemble des peintures monumentales aux couleurs subtiles. Leurs œuvres abstraites sont omniprésentes dans leur intérieur et lui donne un cachet très particulier. Chaque pièce a une couleur différente. Certaines sont sombres, d'autres sont claires, avec une décoration tantôt sobre, tantôt chargée. Koenraad et Jacqueline sont tous deux issus de familles qui collectionnaient des objets d'art et des antiquités. D'où la présence dans leur intérieur d'estampes japonaises, de porcelaine chinoise, de céramique mauresque, de tapis d'Orient et de meubles du Levant qui trahissent en outre leur prédilection pour les ornements orientaux. La manière contemporaine dont sont assemblées les œuvres abstraites et toutes sortes d'antiquités, donne naissance à un intérieur très particulier et spécifique. Ils considèrent d'ailleurs leur vaste maison comme une sorte d'atelier où ils expérimentent avec des couleurs, des formes et des objets. Il ne s'agit donc pas d'une donnée statique, mais d'un projet en constante évolution où le changement règne en maître.

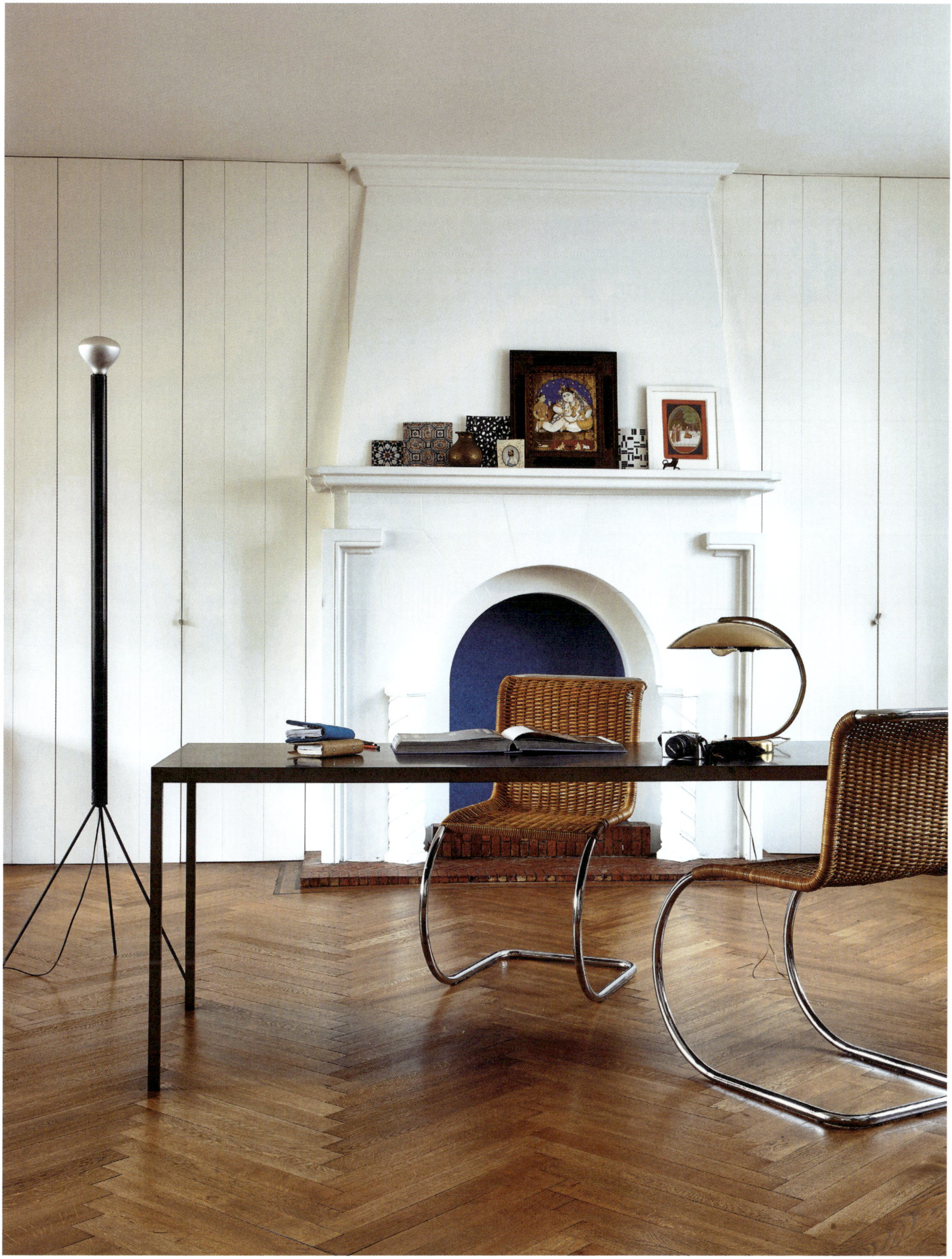

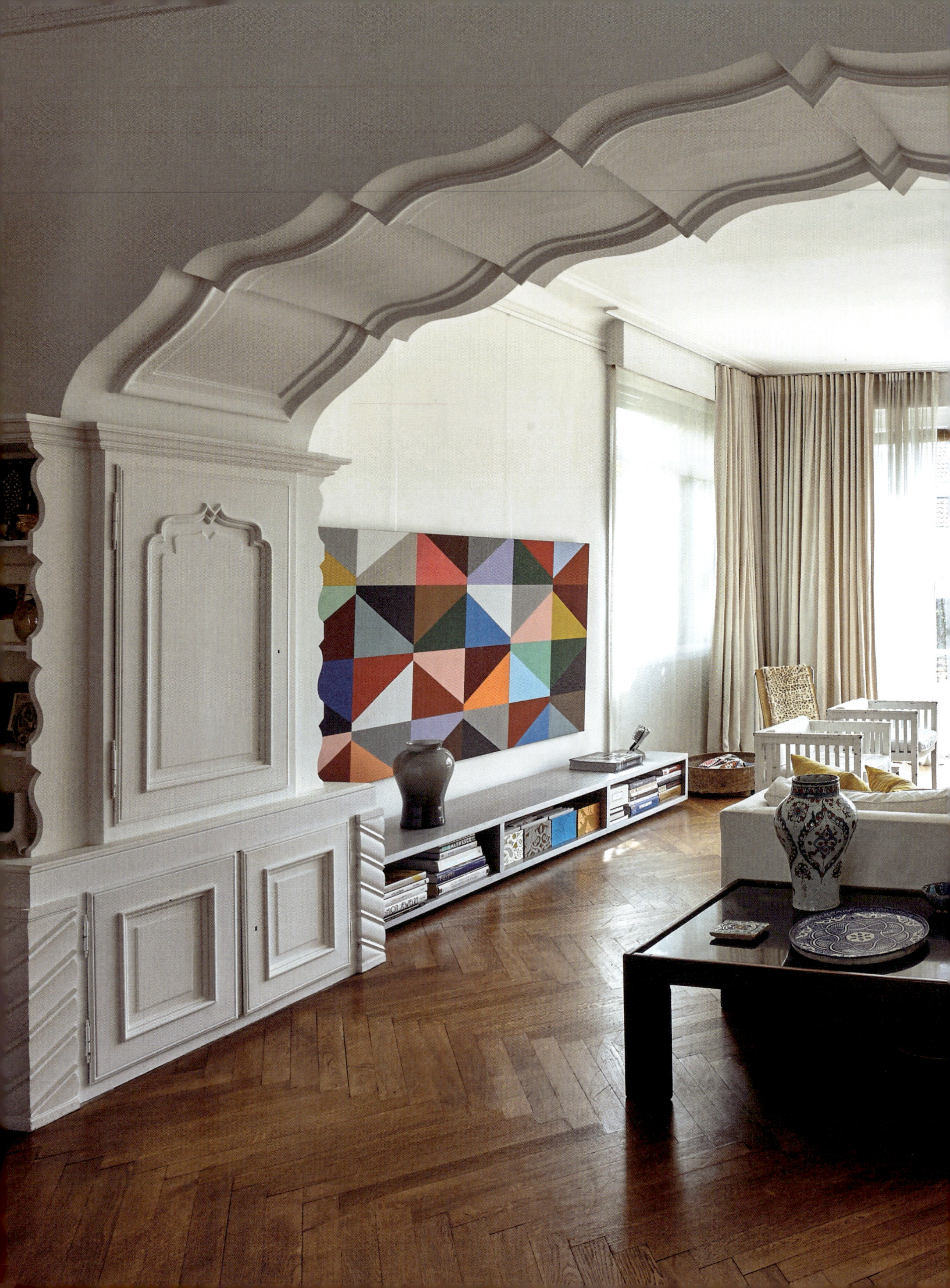

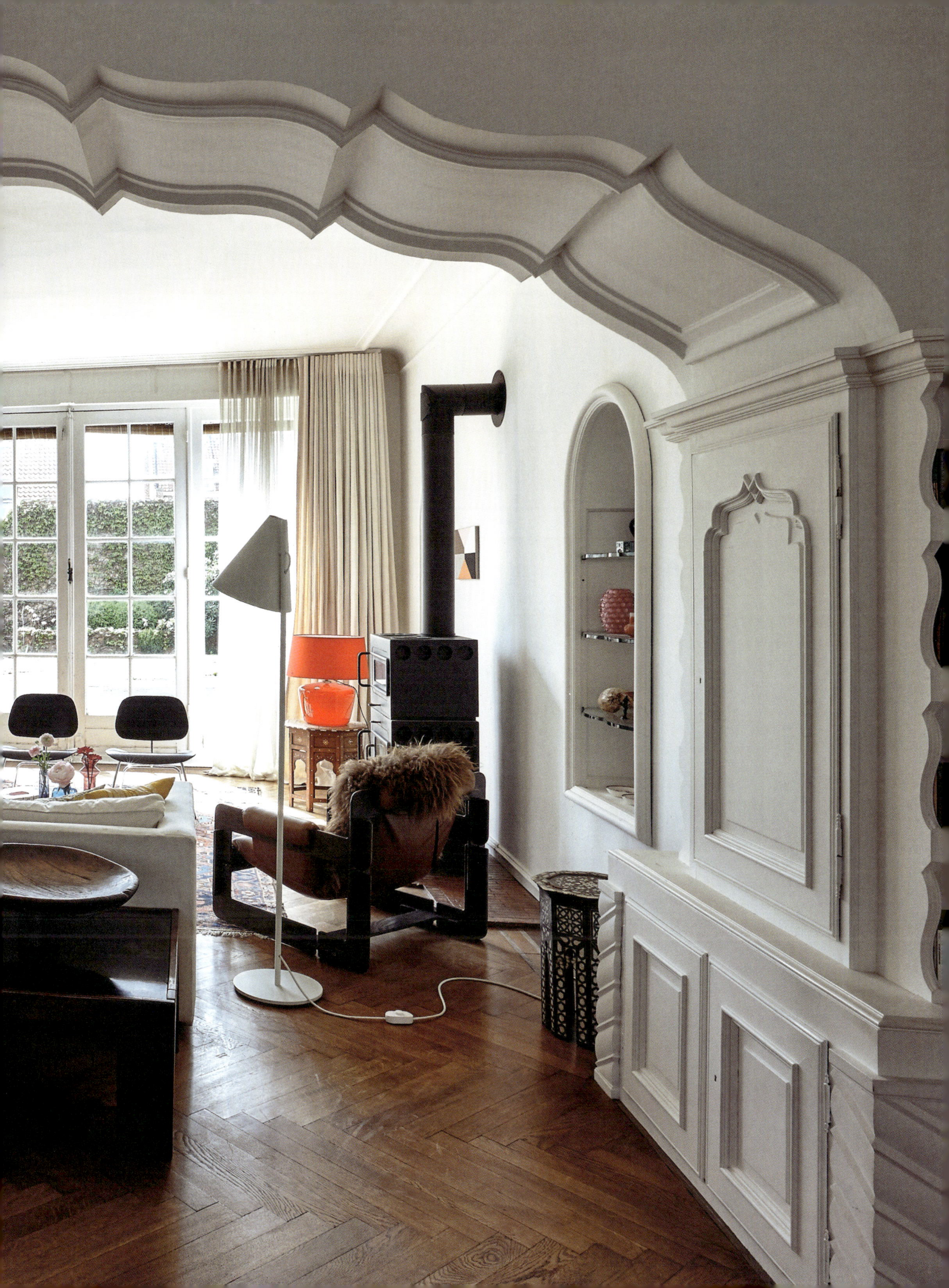

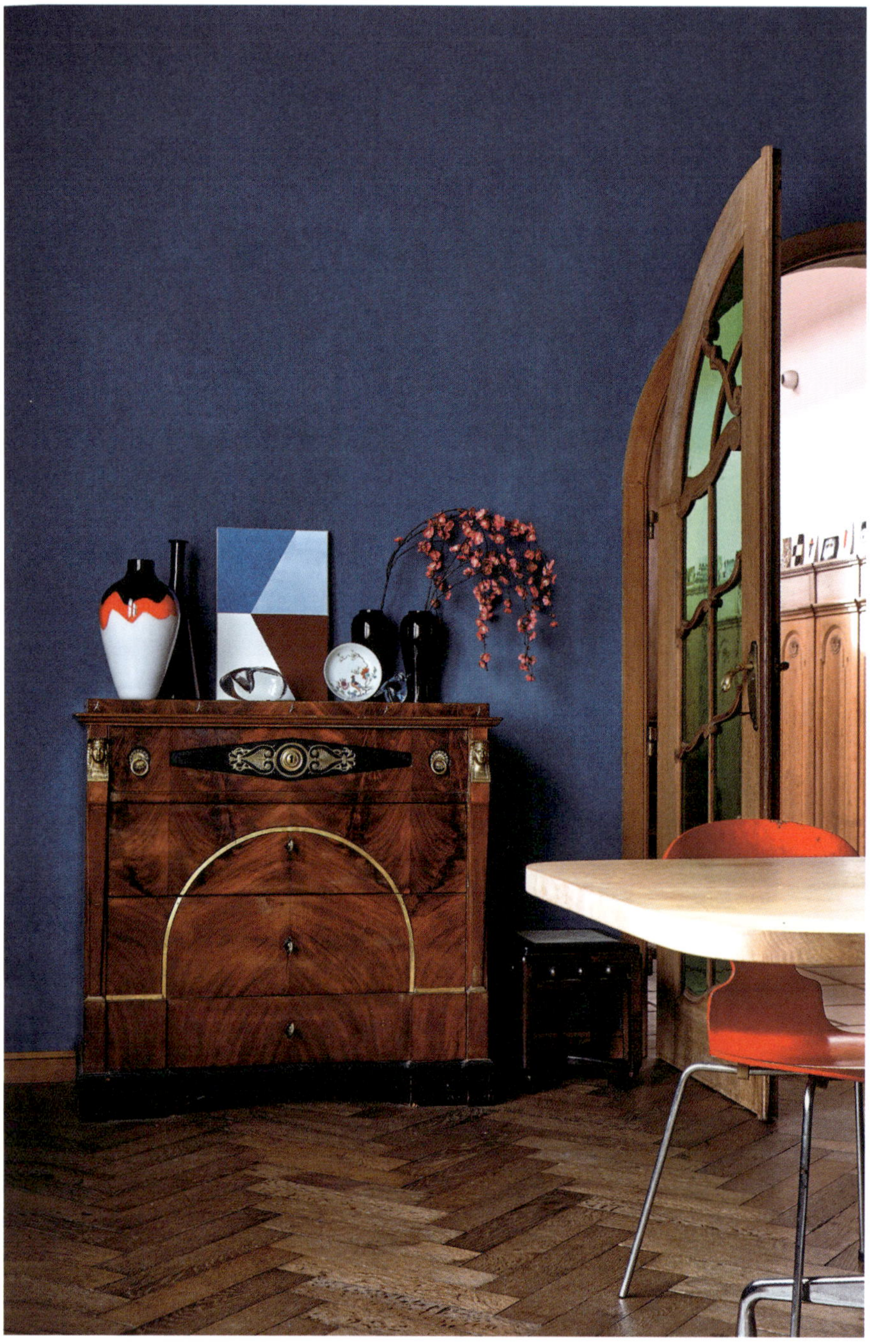

Multicultural

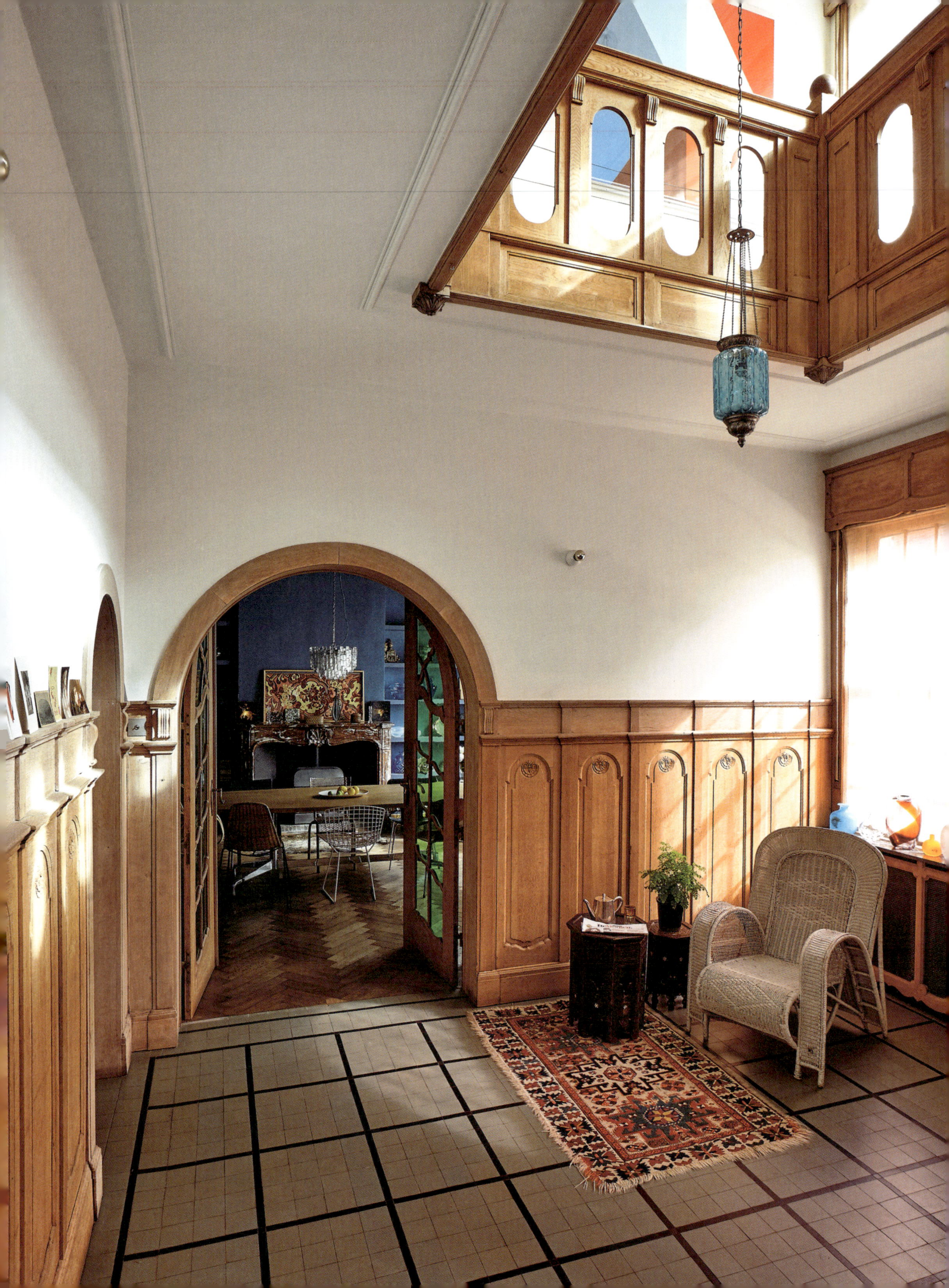

EN
The architecture of the house is rather unusual with Moorish arches and a wooden staircase that could easily belong in an old country house. Almost all the rooms have a different colour. The dining room is painted in blue tones that match the Biedermeier cabinet. Everywhere, beautiful Oriental rugs display mysterious patterns. In the dining room, the mantel features antique Spanish Moorish tiles.

NL
De woning is qua architectuur vrij ongewoon, onder meer door de Moorse bogen en de houten trap die perfect zouden passen in een oud landhuis. Vrijwel alle kamers kregen een andere kleur. De eetkamer zit in de blauwe tinten die passen bij de biedermeierkast. Overal liggen er mooie oosterse karpetten met mysterieuze patronen. Op de schoorsteenmantel in de eetkamer merken we ook antieke Spaans-Moorse tegels op.

FR
D'un point de vue architectural, la maison est très inhabituelle entre autres à cause des arcs mauresques et de l'escalier en bois qui trouverait aisément sa place dans un vieux manoir. Presque toutes les chambres ont une couleur différente. La salle à manger est dans les teintes bleues bien assorties à l'armoire biedermeier. Partout, de beaux tapis d'Orient aux gabarits mystérieux décorent le sol. Sur la cheminée de la salle à manger, on observe d'antiques carreaux hispano-mauresques.

Multicultural

EN
It is a vast building with bedrooms in eighteenth-century style, with the bed in an alcove flanked by two antechambers. The guest room, full of Oriental antiques, is painted almost black and looks mysterious: it looks like contemporary Napoleon III style. Here a few exquisite design pieces of furniture provide a fascinating contrast. Against the wall is a *curule* seat from Damascus, adorned with mother-of-pearl.

NL
Een ruim pand met slaapkamers in achttiende-eeuwse stijl, met het bed in een alkoof, geflankeerd door twee antichambres. De gastenkamer vol oosterse antiek is bijna zwart geschilderd en oogt geheimzinnig: dit lijkt hedendaagse 'Napoleon III'. Hier zorgen enkele uitgelezen designmeubels voor een boeiend contrast. Tegen de muur staat er een curulische stoel uit Damascus, versierd met parelmoer.

FR
C'est une vaste demeure avec des chambres à coucher de style dix-huitième siècle, avec le lit dans une alcôve et flanqué de deux antichambres. La chambre d'hôtes qui regorge d'antiquités orientales est presque peinte en noir et a une apparence mystérieuse : on dirait du « Napoléon III » contemporain. Quelques meubles design bien choisis assurent un contraste intéressant. Contre le mur est placé un siège curule de Damas, décoré de nacre.

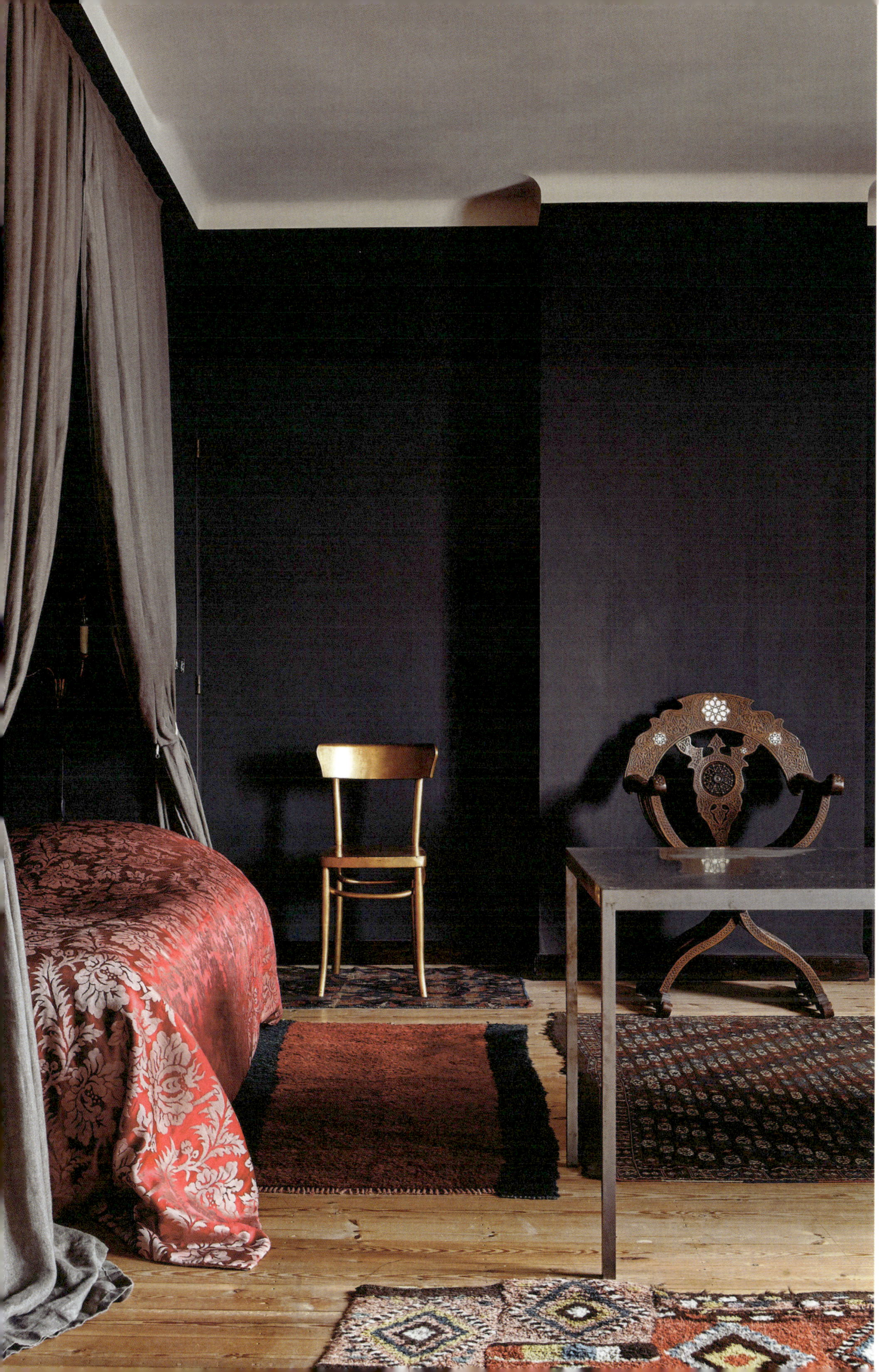

THiNK ECLECTIC

Apartment STYLEMEISTER

An interior can be eclectic in so many different ways. In the Netherlands, you would immediately think that the designers reverted to the majesty of the Golden Age. Some do, and the Kunstkammer culture is very much alive in the Low Countries. However, the Amsterdam-based designer San Ming walks a different path; he remains inspired by the sleek shape and colour experiments of De Stijl, the avant-garde movement that bloomed in the very beginning of the 20th century. And still, his interior is never really orderly. The rational purity of the Bauhaus is lost on him. San Ming totally redecorates his apartment in South Amsterdam about once a year. He has been doing this for years, with great enthusiasm and conviction. He combines effortless design with art. Of course, his style includes a hidden oriental flair; moreover, his interior is a complex combination of very poetic still lives. Even though this sounds sweeter than reality, it will leave you speechless. What others name rigid or modern is what he has found tedious for years. Calling a spade a spade, Ming also tells you that he is not a fan of embellishments although he does not shy away from ornaments. Even so, he builds his interior totally by himself. Of course, he does not do this when he redecorates other people's homes, hotels, or restaurants.

Apartment

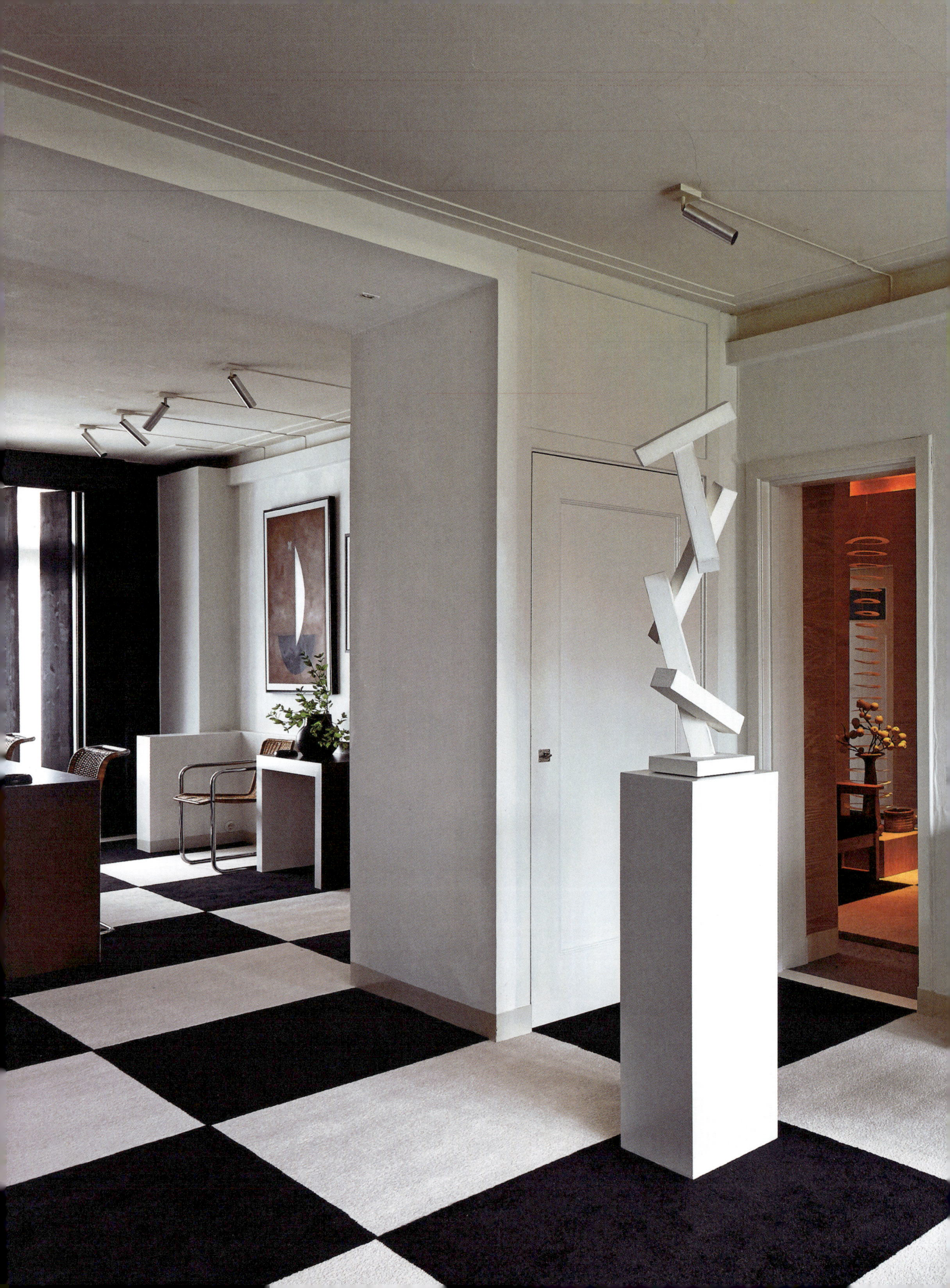

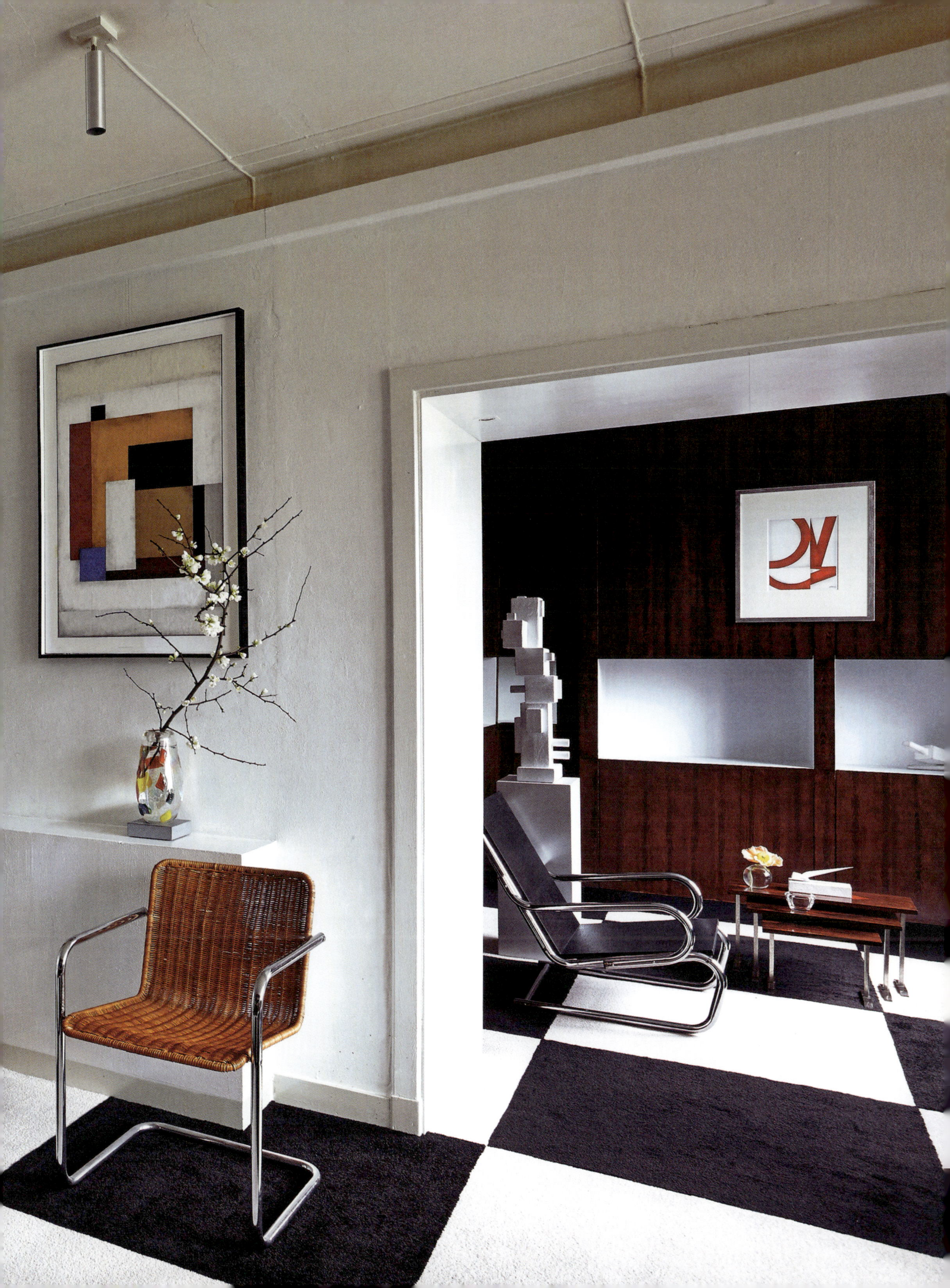

EN

Amsterdam interior designer San Ming lives in the city that had numerous voluptuous baroque interiors in the Golden Age, of which, by the way, many have been preserved. However, his Oriental roots make him more sensitive to the sharpness of De Stijl, even though he doesn't like Dutch sobriety. His interior is somewhat baroque and eclectic with numerous black and white patterns. At Ming's, balance is key: every surface or volume has a definite place. He redecorates this apartment every year and completes his collection with 'new' art pieces.

NL

De Amsterdamse interieurvormgever San Ming woont in de stad die in de Gouden Eeuw een oneindig aantal voluptueuze barokinterieurs telde, waarvan er trouwens best nog wat zijn bewaard. Maar zijn oosterse wortels maken hem gevoeliger voor de strakheid van De Stijl, zonder dat hij de Nederlandse nuchterheid adoreert. Zijn interieur is op de een of andere wijze barok en eclectisch, onder meer door de talrijke zwart-wit patronen. Bij Ming gaat het om evenwicht, elk vlak of volume heeft een duidelijke plaats. Hij richt deze flat om het jaar opnieuw in en vult dan de collectie weer aan met 'nieuwe' kunstwerken.

FR

Le designer amstellodamois San Ming habite dans la ville qui, au Siècle d'Or, comptait une multitude d'intérieurs baroques voluptueux dont plusieurs ont été préservés. Mais ses racines orientales l'ont rendu plus sensible à la rigidité de De Stijl, sans pour autant adorer la froideur néerlandaise. Son intérieur est, d'une certaine manière, baroque et éclectique du fait notamment des nombreux gabarits noir et blanc. Chez Ming, tout est question d'équilibre, chaque surface ou volume occupe une place bien définie. Chaque année, il réaménage l'appartement et complète alors sa collection d'œuvres « nouvelles ».

NL

Een interieur kan op zoveel verschillende wijzen eclectisch zijn. In Nederland zou je misschien gauw gaan denken dat de ontwerpers teruggrijpen naar de barok van de Gouden Eeuw? Jawel, sommigen doen dat en de kunstkamercultuur is daar weer helemaal in. Maar de in Amsterdam wonende ontwerper San Ming bewandelt een ander pad, hij blijft zich inspireren op door de strakke vorm- en kleurexperimenten van De Stijl, de avant-gardebeweging uit het begin van de 20ste eeuw. En toch ziet zijn interieur er nooit echt strak uit. De rationele puurheid van het Bauhaus is niet aan hem besteed. San Ming richt zijn appartement in Amsterdam-Zuid ongeveer eenmaal per jaar volledig opnieuw in. Dat doet hij al jaren met veel enthousiasme en overtuigingskracht. Hij combineert moeiteloos design met kunst. In zijn stijl zit een oosterse lijnvoering verscholen en zijn interieur is bovendien een complexe combinatie vol poëtisch geladen stillevens. Dat klinkt allemaal veel zoeter dan het in werkelijkheid is, maar je wordt er wel stil van. Wat anderen strak of hedendaags noemen, vindt hij al jaren vervelend. Ming neemt geen blad voor de mond en vertelt je ook dat hij niet tuk is op versiering, maar ornamenten niet schuwt. Nog dit kleine, maar niet onbelangrijke detail: hij bouwt zijn interieur helemaal zelf op, als hij er de tijd voor kan nemen.

FR

Un intérieur peut être éclectique de mille et une façons. Aux Pays-Bas, on peut supposer que pour ce faire, les designers s'inspirent des intérieurs baroques du Siècle d'Or. C'est vrai que certains le font et que la culture de la « chambre d'art » a complètement refait surface dans ce pays. Mais le designer San Ming, qui habite à Amsterdam, a choisi une tout autre voie car il trouve son inspiration dans l'expérimentation des formes et des couleurs « pures », propre à De Stijl, le mouvement d'avant-garde du début du XXe siècle. Et pourtant, son intérieur n'est pas vraiment austère. La pureté rationnelle du style Bauhaus ne l'intéresse guère. Une fois par an environ, San Ming réaménage complètement son appartement à Amsterdam-Sud. Il fait cela depuis des années avec beaucoup d'enthousiasme et de conviction. Il combine l'art et le design avec une grande aisance. Dans son style se cache une influence orientale et son intérieur est un ensemble complexe émaillé de natures mortes poétiques. Tout cela paraît nettement plus sage que ce ne l'est en réalité, mais on en reste coi. Depuis longtemps déjà, il trouve ennuyeux ce que les autres qualifient de strict ou de contemporain. Ming ne mâche pas ses mots et raconte qu'il ne raffole pas des décorations, sans toutefois rejeter les ornements. Autre détail qui a son importance : il agence son intérieur tout seul, lorsqu'il en a le temps.

Apartment

Apartment

Apartment

THiNK ECLECTIC

More than just a house

MAISON DE MAÎTRE

You don't have to visit Paris to find beautiful examples of modern French interior style. The many Frenchmen who live in London or Brussels today ensure that the French *art de vivre* is properly showcased outside of France. In London, large buildings are quite rare, exactly like in the heart of Paris. That is why the French love the generously proportioned mansions in Brussels, where they can fully express their sense of style. However, this house also offers an additional style accent: the residents, Isabelle and Jean-Charles Mazet, lived in Morocco for several years; there, they renovated a riad in Essaouira. Hence, their interior style is certainly 'French' but with a Mediterranean touch. It is a free, exuberant mix. Prior to moving to Morocco, they had a business at the famous Paris *Puces* (flea-market) where they offered pre- and post-war vintage items. Now, they feel at home in Brussels and their style is even more eclectic. In their spacious home, they welcome collectors and organise exhibits. However, they also renovate old buildings, design stores, and organise parties; Jean-Charles has also made a name for himself as a landscape designer. In short: for them, an interior is a *Gesamtkunstwerk* full of memories. The name of their business, *More than a house*, fits perfectly.

More than just a house

More than just a house

EN

The many French people who are currently discovering Brussels are attracted not only by the pleasant scale of the city, but also by the many town houses. Isabelle and Jean-Charles Mazet are fans of the city; they live in a large house in the suburbs. The house dates from the early twentieth century and has several lounges and an impressive entrance hall where they can display their large collection. They lived in Morocco for a long time, where they built numerous houses and hotels and designed gardens. Today, their home is a sort of gallery to which they invite collectors.

NL

De talrijke Fransen die momenteel Brussel ontdekken vallen niet enkel voor de gezellige schaal van de stad, maar ook voor haar vele herenhuizen. Ook Isabelle en Jean-Charles Mazet zijn daar tuk op en betrekken een groot pand in de rand. Het huis stamt uit het begin van de twintigste eeuw en telt verschillende salons en een imposante inkomhal waarin ze hun grote collectie kwijt kunnen. Ze woonden lang in Marokko, richtten daar tal van huizen en hotels in, en ontwierpen ook tuinen. Nu is hun woning een soort galerie waar ze verzamelaars ontvangen.

FR

Les nombreux Français qui découvrent actuellement Bruxelles ne sont pas séduits uniquement par la charmante ville à « taille humaine » ; ils le sont aussi par les nombreuses maisons de maître. Isabelle et Jean-Charles les adorent aussi et ils occupent une grande demeure dans la banlieue. La maison date du début du vingtième siècle et compte de nombreux salons ainsi qu'un imposant hall d'entrée où ils peuvent exposer leur vaste collection. Ils ont longtemps habité au Maroc, y ont aménagé de nombreux hôtels et maisons et ont également dessiné des jardins. Leur maison est aujourd'hui une sorte de galerie où ils accueillent des collectionneurs.

NL

Je hoeft niet in Parijs te gaan zoeken om mooie voorbeelden te zien van de actuele Franse interieurstijl. De talrijke Fransen die tegenwoordig in Londen of Brussel wonen, zorgen voor een flinke uitstraling van de Franse *art de vivre*. In Londen zijn grote panden, net zoals in hartje Parijs, behoorlijk zeldzaam. Daarom zijn de Fransen verliefd op de royaal bemeten herenhuizen van Brussel, waar ze hun zin voor decoratie kunnen botvieren. Maar dit huis toont ook een extra stijlaccent, want de bewoners, Isabelle en Jean-Charles Mazet, woonden jaren in Marokko waar ze in Essaouira een riad restaureerden. Het interieur is bijgevolg een vrij exuberante mix, in een Franse stijl met een mediterrane toets. Voor ze naar Marokko trokken hadden ze een zaak op de beroemde Puces van Parijs waar ze voor- en naoorlogse vintage toonden. Nu voelen ze zich thuis in Brussel en is hun stijl zoveel eclectischer. In hun riante woning ontvangen ze collectioneurs en organiseren ze tentoonstellingen. Maar ze renoveren ook oude panden, richten winkels in, bouwen feesten en Jean-Charles heeft tevens een naam als tuinontwerper. Kortom voor hen is het interieur een *Gesamtkunstwerk* vol souvenirs. De naam van hun zaak, *More than a house*, is perfect gekozen.

FR

Il n'est pas nécessaire de se rendre à Paris pour admirer des intérieurs français qui s'inscrivent dans l'air du temps. Les nombreux Français qui vivent actuellement à Londres ou à Bruxelles se chargent de faire rayonner l'art de vivre français. À Londres, les grandes demeures sont plutôt rares, tout comme au centre de Paris. C'est pourquoi les Français adorent les majestueuses maisons de maître de Bruxelles où ils peuvent laisser libre cours à leur goût pour la décoration. Mais la présente demeure comporte aussi des éléments d'un autre style. En effet, ses occupants – Isabelle et Jean-Charles Mazet – ont vécu durant des années au Maroc où ils ont restauré un riad à Essaouira. Dès lors, leur intérieur est un mélange exubérant de style français et de style méditerranéen. Avant de partir au Maroc, ils tenaient un commerce aux célèbres Puces de Paris, où ils exposaient des objets vintage de l'avant et de l'après-guerre. Aujourd'hui, ils se sentent chez eux à Bruxelles et leur style est nettement plus éclectique. Dans leur charmante maison, ils accueillent des collectionneurs et organisent des expositions. Mais ils rénovent également de vieilles habitations, aménagent des magasins, organisent des fêtes et Jean-Charles s'est même fait un nom comme paysagiste. Bref, pour eux, un intérieur est une sorte de *Gesamtkunstwerk* (œuvre d'art totale) remplie de souvenirs. Le nom de leur point de vente, *More than a house*, est donc admirablement choisi.

More than just a house

EN
The eclectic style of this interior is recognizable by the combination of various vintage designs from different periods and styles, and artwork. There is Brazilian design, combined with pieces from the United States and Scandinavia. The home overflows with decor findings. The result is amazingly colourful, warm, and artistic. It illustrates the relaxed decoration trend that is currently developing in reaction to the austere, dull design style of a few years ago.

NL
De eclectische stijl van dit interieur herken je aan de combinatie van kunstwerken met vintage design uit verschillende periodes en stijlen. We zien zowel Braziliaans design als ontwerpen uit de States en Scandinavië. De woning bulkt van de decoratieve trouvailles. Het resultaat oogt behoorlijk bont, warm en artistiek. Het illustreert de ontspannen decoratietrend die zich momenteel ontwikkelt als reactie op de sobere en saaie designstijl van enkele jaren geleden.

FR
On reconnaît le style éclectique de cet intérieur à la combinaison de design vintage de périodes et styles différents avec des œuvres d'art. On y trouve aussi bien du design brésilien que des créations en provenance des États-Unis et de Scandinavie. La maison regorge de trouvailles décoratives. Il en résulte un ensemble assez bariolé, chaleureux et artistique. Il illustre la tendance décontractée de la décoration qui se développe de nos jours en réaction au style design sobre et ennuyeux d'il y a quelques années.

More than just a house

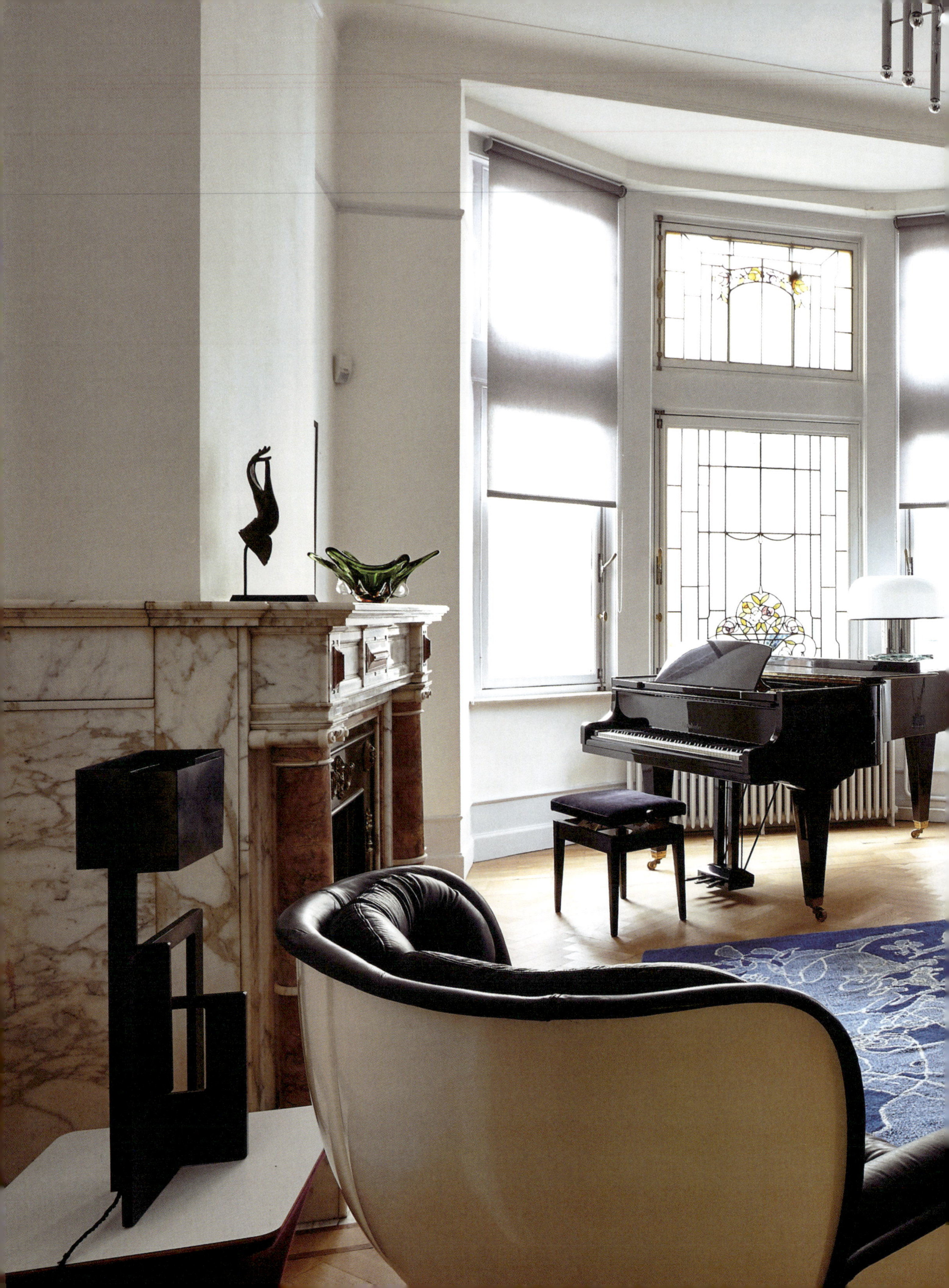

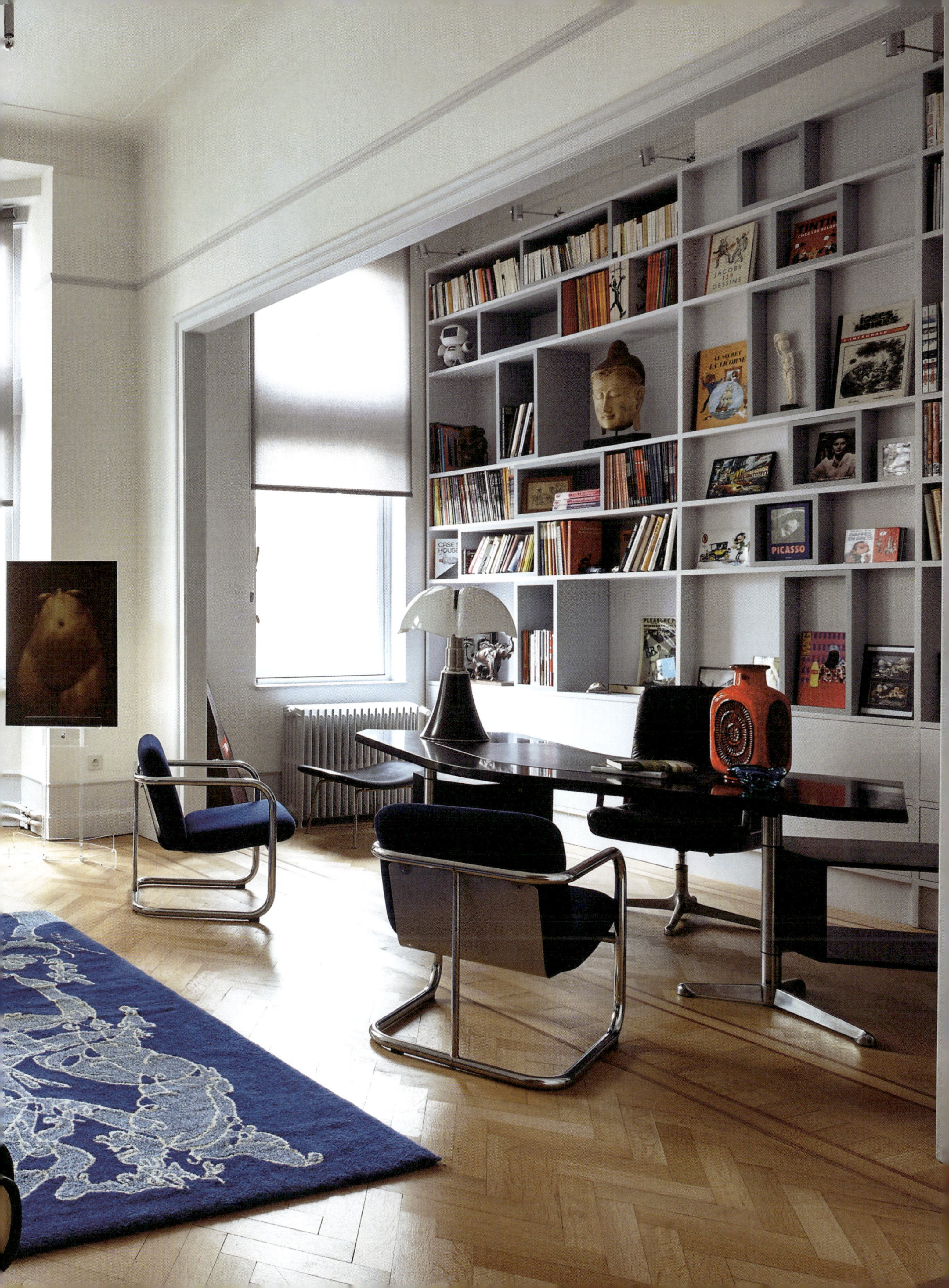

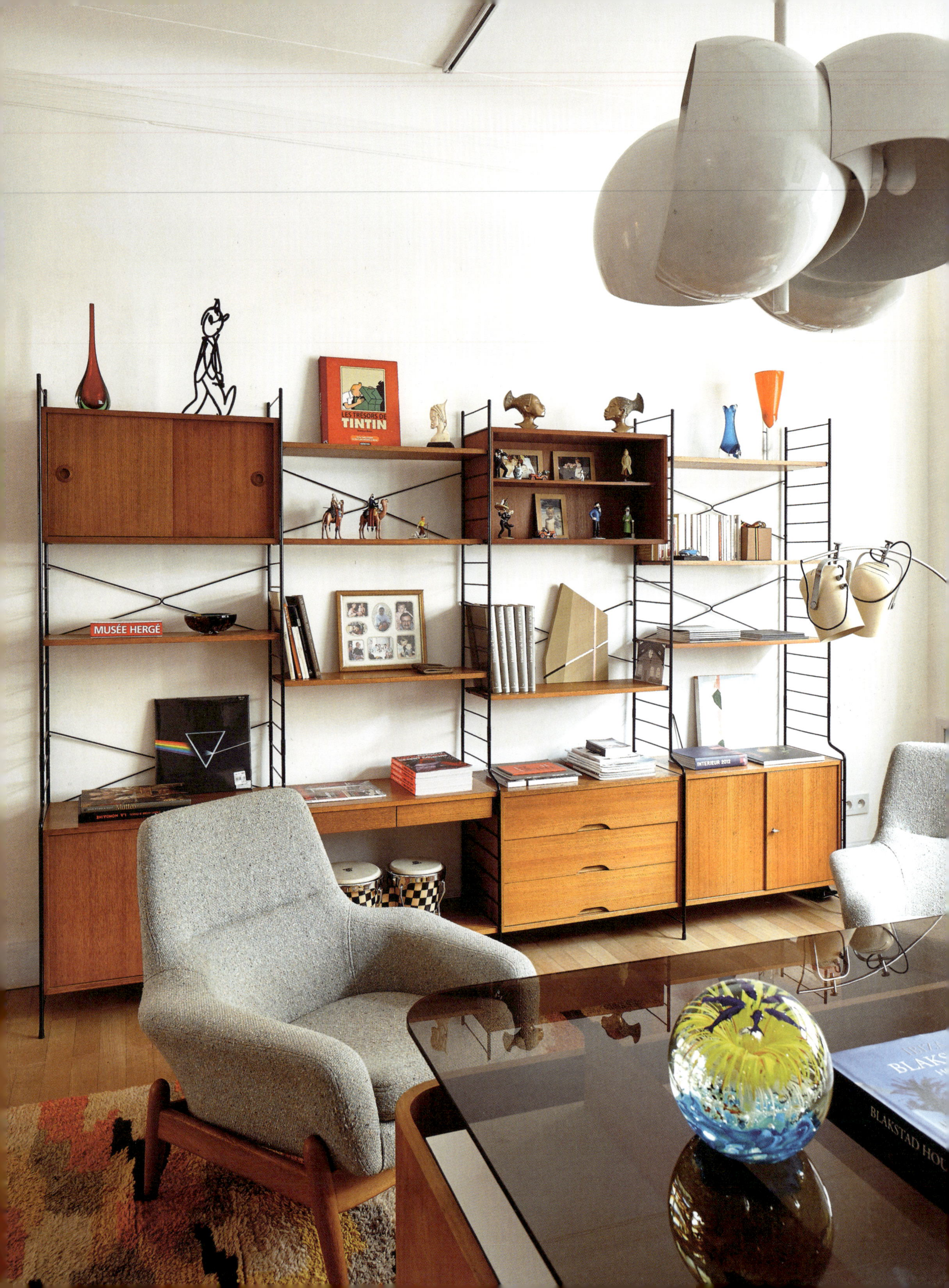
LES TRÉSORS DE
TINTIN
MUSÉE HERGÉ
INTERIEUR 2012

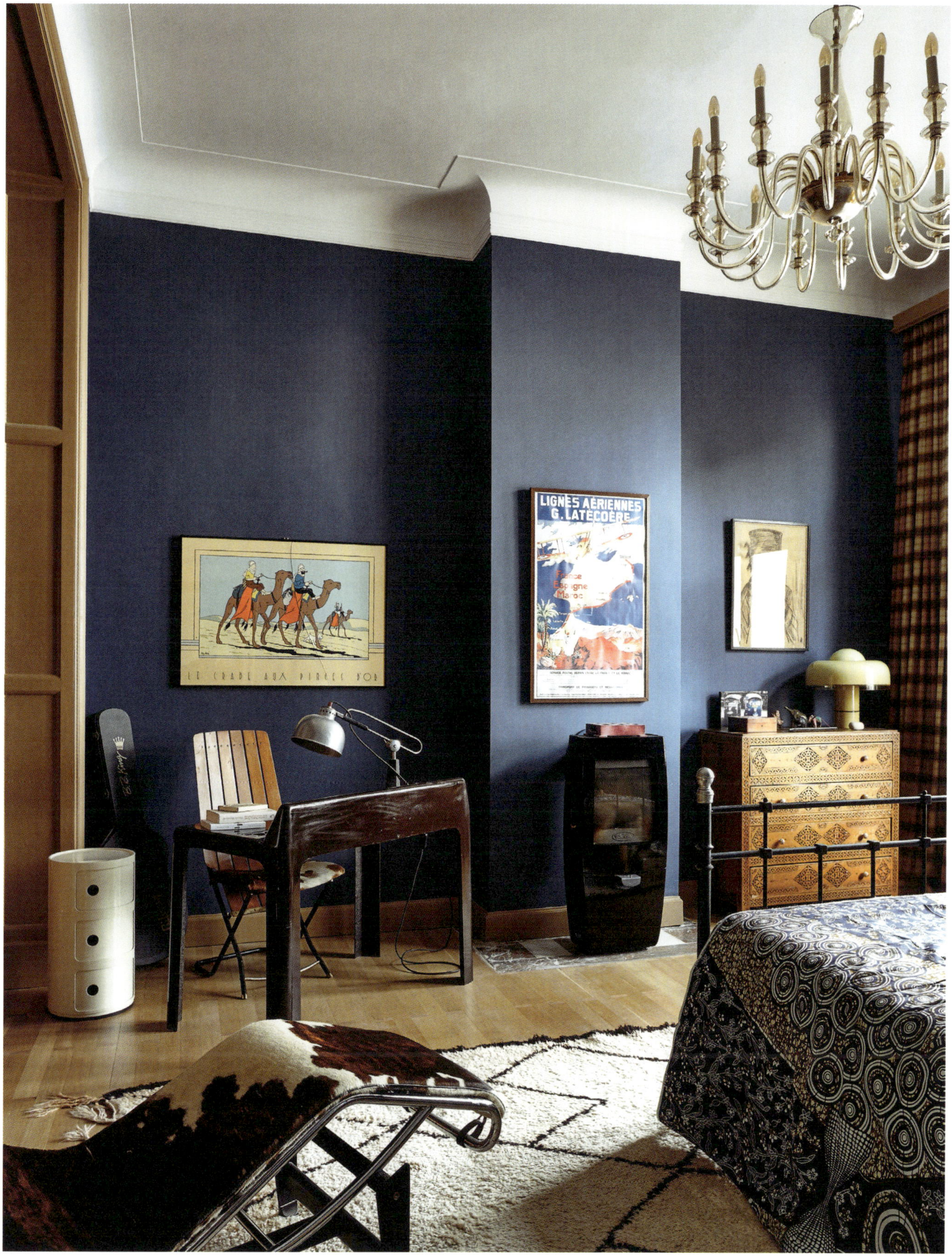
LE CRABE AUX PINCES D'OR
LIGNES AÉRIENNES
G. LATÉCOÈRE

THiNK ECLECTIC

Pop-Art revisited   WITH MONDRIAN

The latest pied-à-terre of Brussels architect Caroline Notté reflects a mix of styles. Moreover, she likes street art as well as Mondrian patterns. Notté outgrew 2000 minimalism long ago and even finds some of the vintage hype "OTT". There is, however, some vintage in her home, although you barely notice it. Her interior exudes its own dynamic. The fact that they move every few years and rearrange everything also gives this impression. This home is surprisingly compact and intimate. Indeed, they love discretion. This protective feeling is reflected in the front room that in this house is the kitchen and dining area. Caroline Notté's colourful mix of styles was already ahead of its time years ago. She spontaneously mixes different shades, materials, and art pieces. Most designs have a sculptural character. Notté is active as an architect; she designs interiors; she is knows as an art photographer, and she teaches at the Brussels CAD art school; she also designs a collection of espadrilles under the name Smart Tong. Her predilection for graphic structures is the common theme throughout all her activities. Look, for instance, at the black and white patterns on the kitchen cabinets: they are a nod to the designer she admires most: Andrée Putman. The bathroom tiles are arranged in a Mondrian pattern; in the guest room, graffiti artist Tatiana Eckel painted a large bird on the wall. She is also a fan of humorous Pop Art touches.

Pop-Art revisited

EN
This is the dining room, with the kitchen in the back, a tribute to Andrée Putman and Mondrian of which you will recognize the colour touches throughout the home. The dining room is on the street side, although it is designed like a dark folding screen without any contact with the outside world: The owner enjoys her privacy. She is a huge fan of street art. There are many examples of it, including a 'head' by Denis Meyers behind the door of the dining room and the Tatiana Eckel graffiti on the wall of the bedroom.

NL
Dit is de eetkamer met daarachter de keuken die een eerbetoon is aan Andrée Putman en ook aan Mondriaan wiens kleurvlakken je overal in de woning herkent. De eetkamer ligt aan de straatzijde, maar is opgevat als een donker kamerscherm dat geen contact zoekt met de buitenwereld. De bewoonster is op haar privacy gesteld. Ze is ook tuk op street art. Daarvan is er overal wel wat te zien, zoals de 'kop' van Denis Meyers achter de deur van de eetkamer en de graffiti van Tatiana Eckel op de muur van de slaapkamer.

FR
Voici la salle à manger avec, à l'arrière, la cuisine qui est un hommage à Andrée Putman et Mondrian, dont vous reconnaissez les formes colorées partout dans la maison. La salle à manger est située du côté de la rue mais elle est conçue comme un écran sombre qui ne cherche aucun contact avec le monde extérieur. L'occupante préserve son intimité. Elle apprécie aussi l'art urbain. Vous en trouverez partout avec, par exemple, cette « tête » de Denis Meyers derrière la porte de la salle à manger et les graffiti sur le mur de la chambre à coucher, de Tatiana Eckel.

NL
De nieuwste pied-à-terre van de Brusselse architecte Caroline Notté toont een mix van stijlen. Ze houdt bovendien zowel van street art als van Mondriaanpatronen. Notté is het minimalisme van de jaren 2000 al lang ontgroeid en vindt zelfs de vintagehype wat voorbij.
Er staat wel wat vintage in haar woning, maar je let er amper op. Haar interieur straalt een eigen dynamiek uit. Ook wel door het feit dat ze om de paar jaar verhuist en alles opnieuw inricht. Deze woning is opvallend compact en intiem. Ze houdt immers van een zekere discretie. Dit beschermd gevoel komt tot uiting in de voorkamer die in deze woning de keuken met eetkamer is. De kleurrijke mengstijl van Caroline Notté was al jaren geleden voor op zijn tijd. Ze mixt spontaan verschillende tinten, materialen en kunstwerken. Het meeste design heeft een sculptureel karakter. Notté is actief als architect, richt interieurs in, heeft naam als kunstfotografe en doceert aan de Brusselse kunstschool CAD, én ze decoreert onder de naam Smart Tong een collectie espadrilles. Haar voorliefde voor grafische structuren is de rode draad doorheen al haar activiteiten. Kijk maar naar de zwart-witpatronen van de keukenkasten, die een knipoog zijn naar de ontwerpster die ze zeer bewondert: Andrée Putman. De badkamertegels zijn dan weer volgens een Mondriaanpatroon aangebracht en in de gastenkamer schilderde graffitikunstenares Tatiana Eckel een grote vogel op de muur. Ze is ook tuk op de humoristische accenten van de popart.

FR Le pied-à-terre le plus récent de l'architecte bruxelloise Caroline Notté se distingue par un mélange de styles. Elle aime tout autant le *street art* ou art urbain que le langage géométrique abstrait de Mondrian. Notté a dépassé depuis longtemps le minimalisme des années 2000 et estime même que la rage du vintage n'est plus d'actualité. On trouvera bien quelques objets vintage dans son habitation mais on y prête à peine attention. Son intérieur possède sa propre dynamique. Peut-être du fait qu'elle déménage régulièrement après quelques années et qu'elle réaménage l'ensemble. Cette maison est étonnamment compacte et intimiste. Notté apprécie d'ailleurs une certaine discrétion. La pièce de devant qui, dans cette demeure, fait à la fois office de cuisine et de salle à manger, trahit bien ce sentiment de protection qu'elle recherche. Il y a des années déjà, Caroline Notté était bien en avance sur son temps avec son style bigarré. Elle mélange spontanément différentes couleurs, matériaux et œuvres d'art. Son design a un caractère essentiellement sculptural. Notté exerce comme architecte, aménage des intérieurs, est reconnue comme photographe, enseigne à la CAD, une école d'art bruxelloise et a même créé une collection d'espadrilles commercialisée sous le nom de Smart Tong. Sa préférence pour les structures graphiques est le fil conducteur de toutes ses activités. Voyez plutôt les motifs noir et blanc des armoires de cuisine ; ils sont un clin d'œil à Andrée Putman, une artiste qu'elle admire profondément. Les carreaux de la salle de bains font penser à un tableau de Mondrian et dans la chambre d'amis, l'artiste graffiti Tatiana Eckel a peint un grand oiseau sur le mur. Elle raffole aussi des accents humoristiques du pop art.

Pop-Art revisited

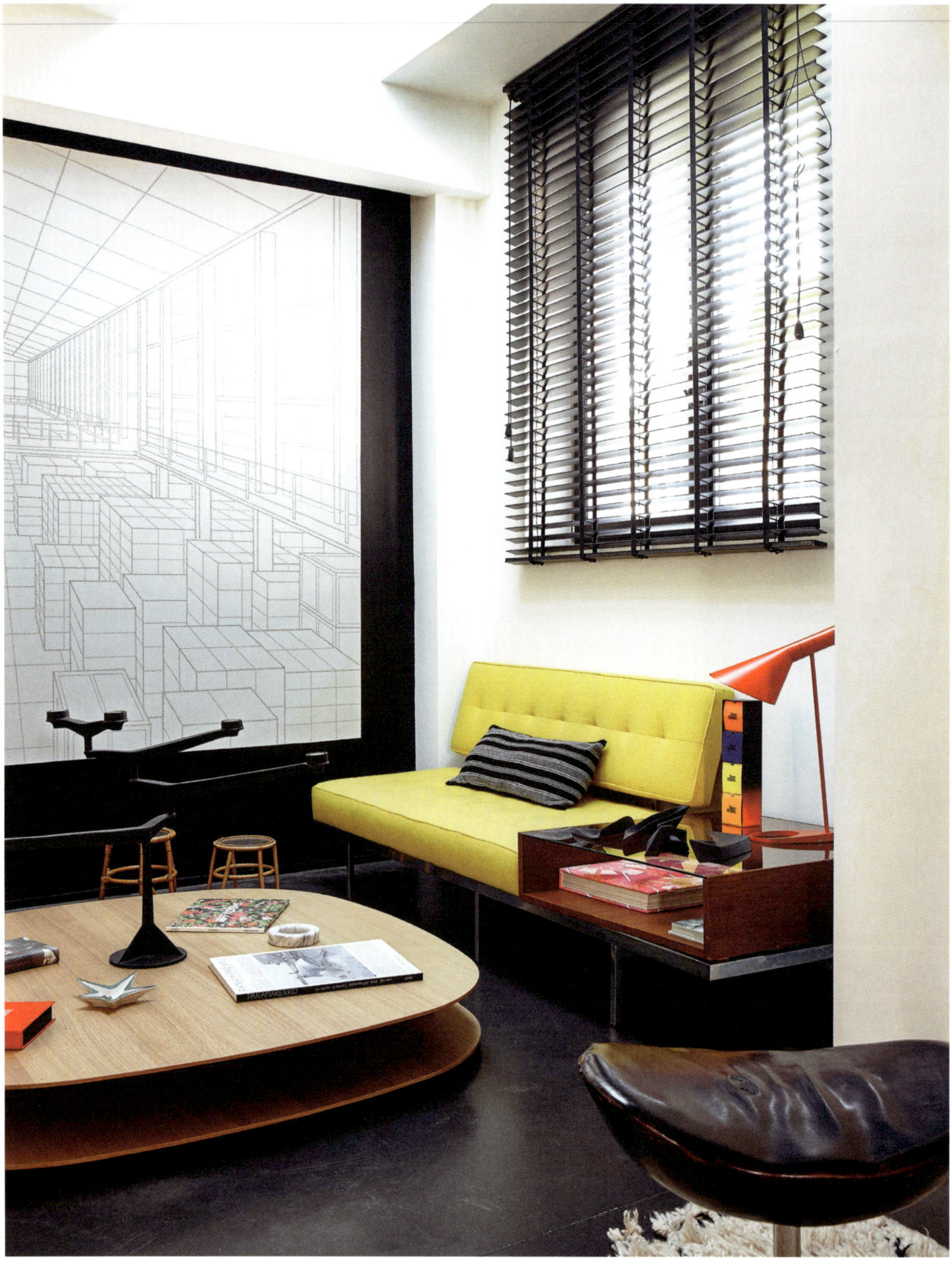

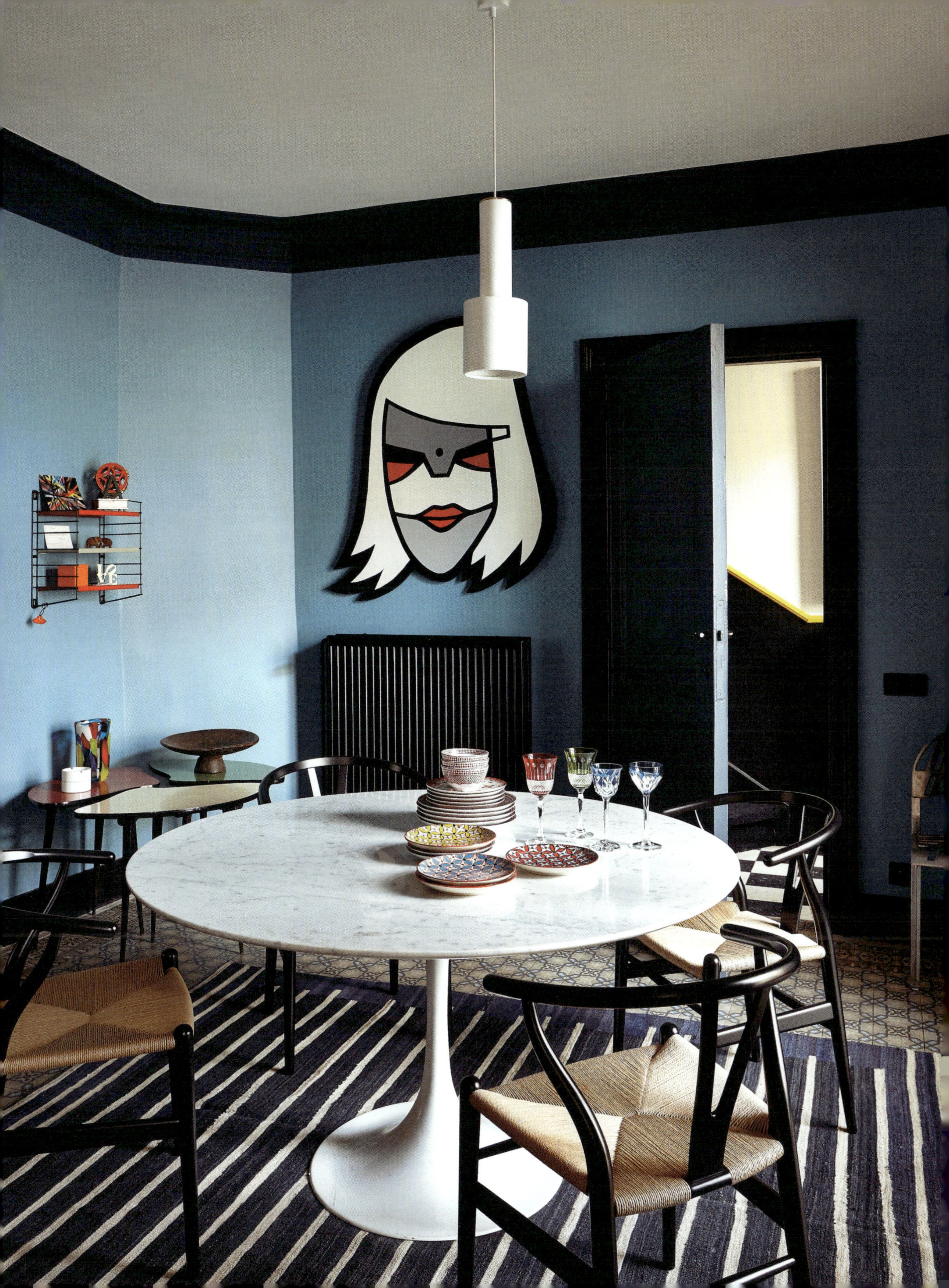

EN
Caroline Notté is a 'touche-à-tout' who works as an architect, interior designer, photographer, and professor in an art school. She also maintains numerous contacts with artists and galleries. Her home is surprisingly intimate and compact. On the previous page, a sitting area with architectural drawing by Paulo Climachauska. Here, we enter the bedroom and the dressing room.

NL
Caroline Notté is een 'touche-à-tout' die actief is als architecte, interieurontwerpster, fotografe en docente aan een kunstschool. Ze onderhoudt heel wat contacten met kunstenaars en galeries. Haar woning is verrassend intiem en compact. Op de vorige pagina zien we de zithoek met de architectuurtekening van Paulo Climachauska. Hier stappen we door de slaapkamer en de badkamer.

FR
Caroline Notté est une « touche-à-tout » qui travaille à la fois comme architecte, décoratrice d'intérieur, photographe et enseignante dans une école d'art. Elle entretient de nombreux contacts avec des artistes et des galeries. De manière assez surprenante, sa maison est intime et compacte. À la page précédente, vous voyez le salon avec le dessin architectural de Paulo Climachauska. Ici, on traverse la chambre à coucher et la salle de bains.

Pop-Art revisited

Pop-Art revisited

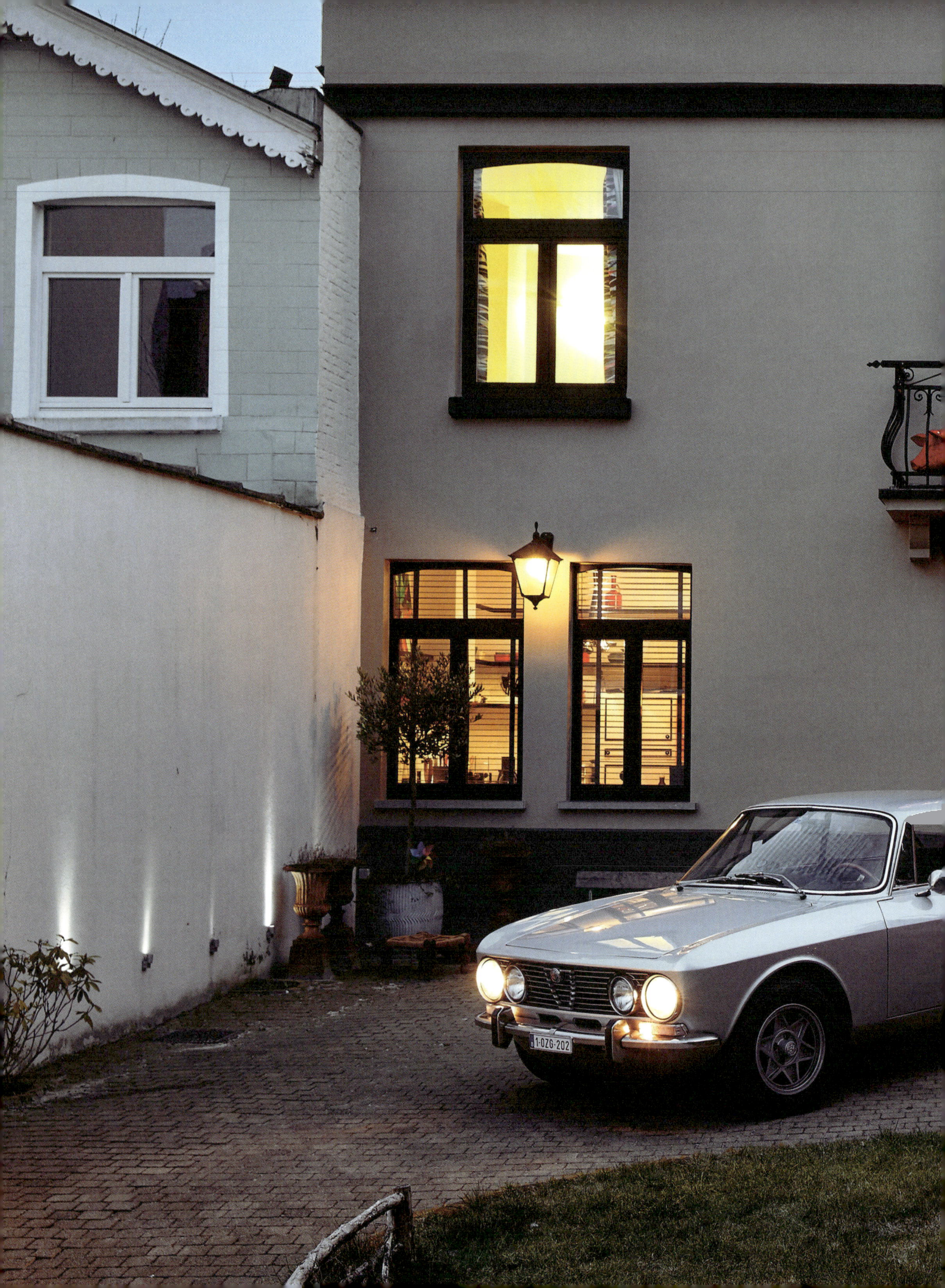
1-OZG-202

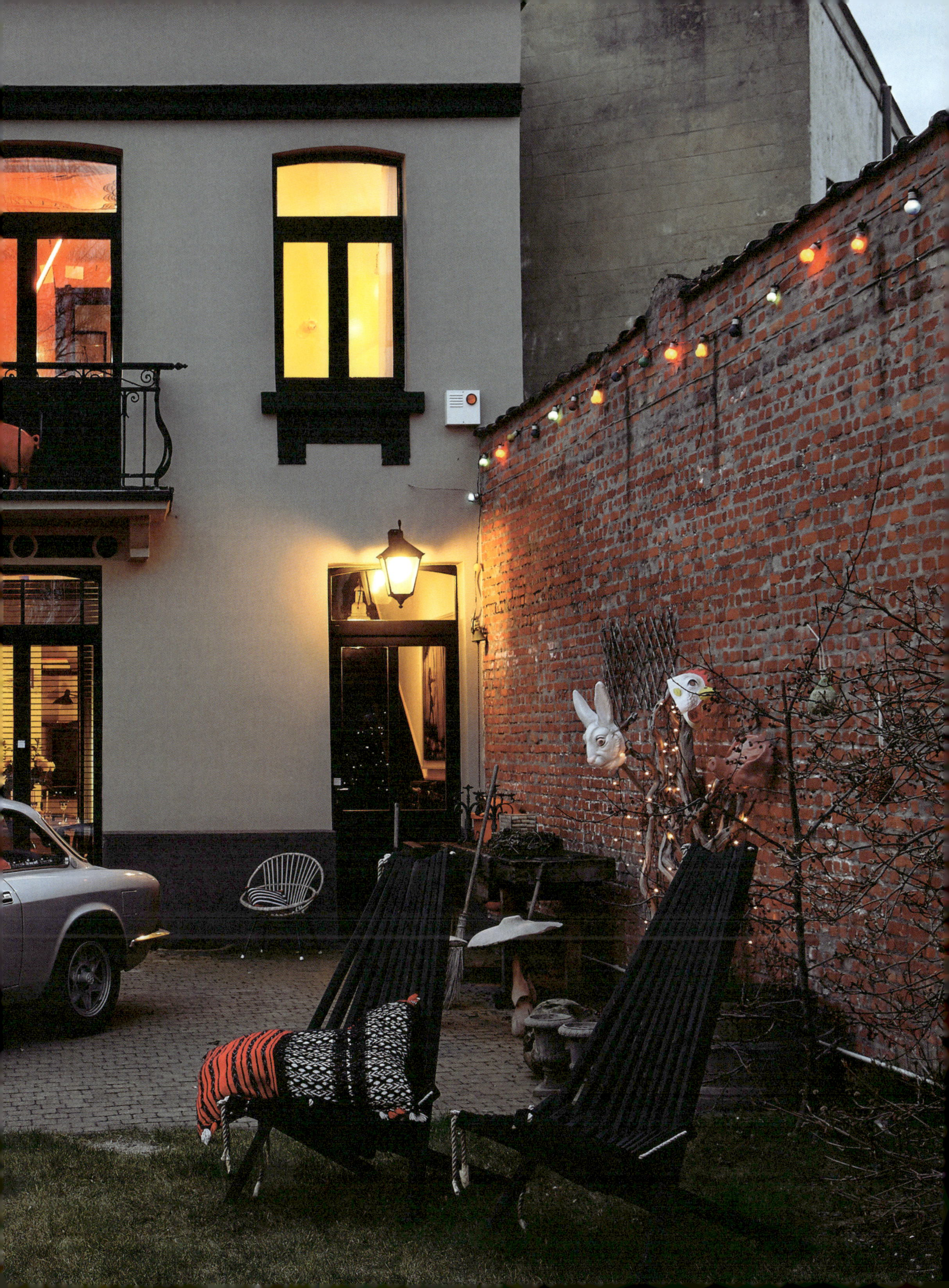

THiNK ECLECTIC

Paris [OOSHOT]

In this apartment overlooking the *Jardin du Luxembourg* in Paris, not only do you enjoy the view and soft light; you also love the space, the proportions, the decor, and the atmosphere, which is a lot. However, the last item on that list is perhaps the most important. The residents, Valerie Hersleven and Thierry Maillet, are surprisingly active and constantly busy with new and innovative projects. Thierry teaches and publishes nationally and internationally as a specialist in new media and communications. Valerie ran a photo agency in Brussels, London and Paris. Now, together they built Ooshot, an international digital platform of professional photographers. This shows their highly dynamic approach. What does this have to do with their interior? A lot, because it changes along with them. A little while ago, it was more 'vintage'; now, they have added a few baroque accents to totally update the space. Without thinking too much about it, they create a truly modern, although not trendy, interior: this is a very personal home, and all objects are rare finds. Nothing comes just straight from a store. At the same time, their apartment has gradually become a quiet place where they can unwind from their hectic life. This straightaway explains the intimate atmosphere.

Paris

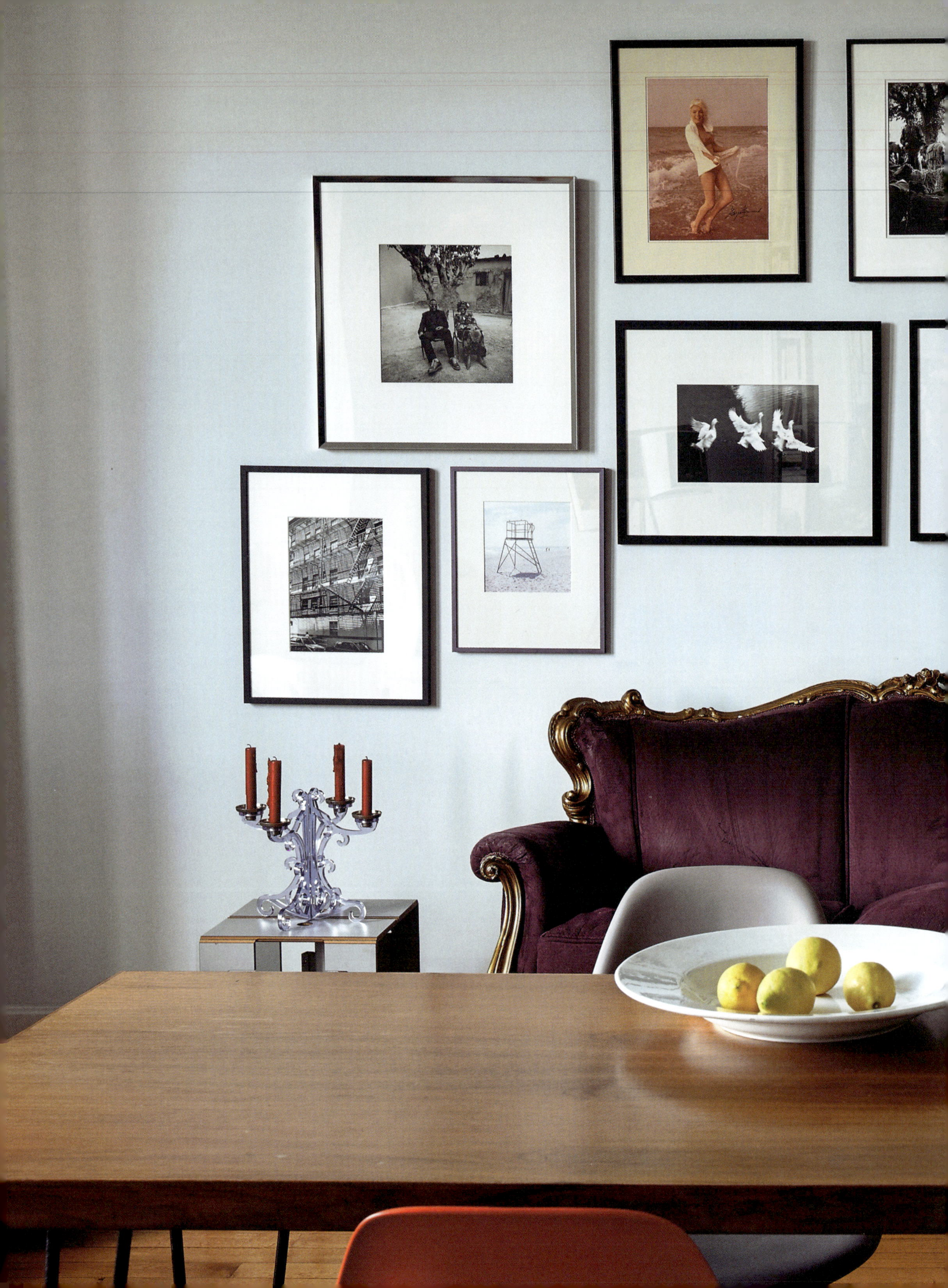

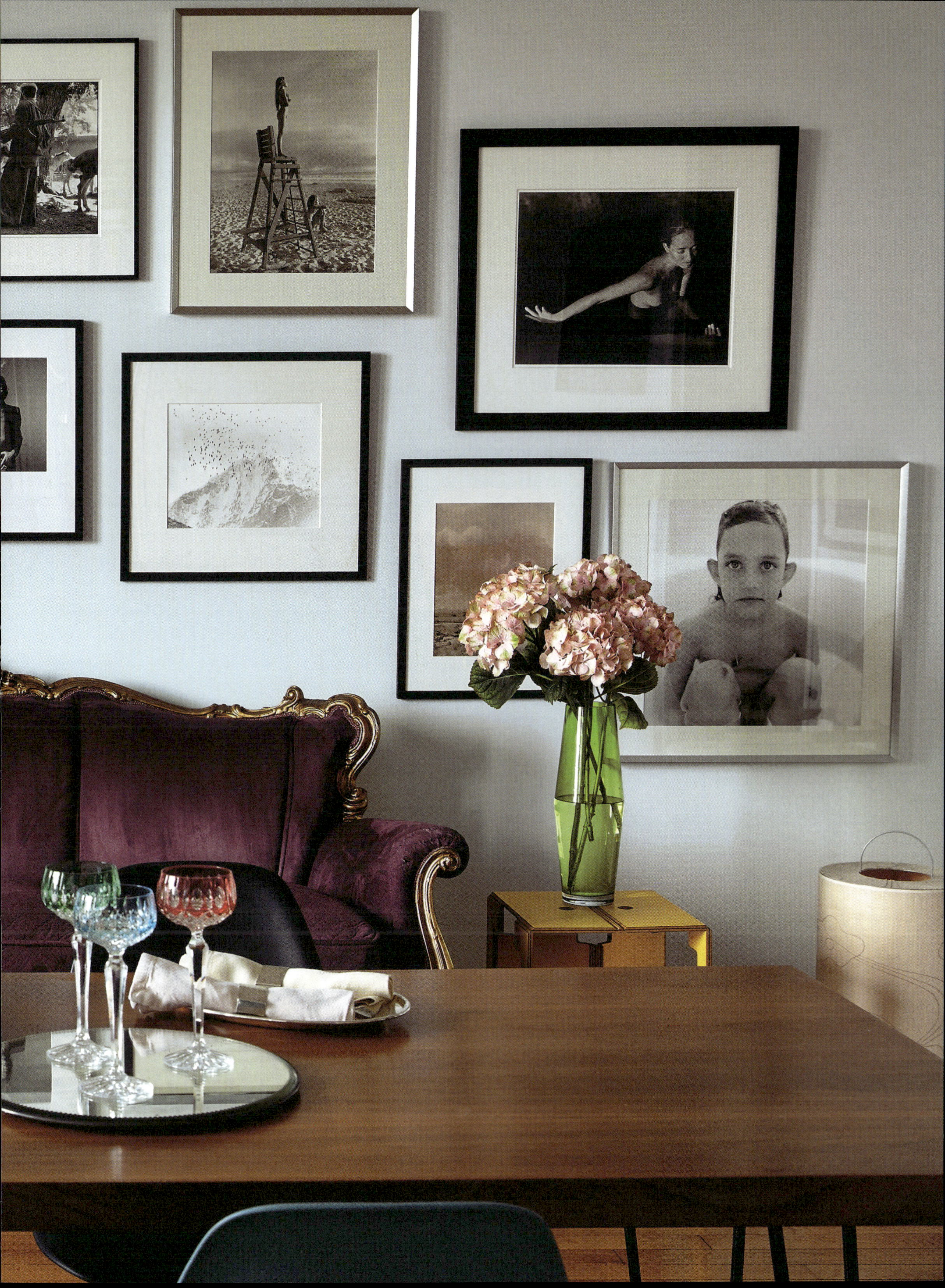

EN
The eclectic style is primarily expressed in the way we approach the walls of an interior. Bare walls are passé. This is best visible in the Paris apartment in the Jardin du Luxembourg area where a visitor is immediately attracted by all the things to be discovered. This increases the perception of space and also reinforces the story of the inhabitants who had recently built a digital photography platform that is active worldwide.

NL
De eclectische stijl uit zich vooral in de wijze waarop we met de wanden van een interieur omgaan. Kale muren zijn niet langer in. Dat voel je het best in dit Parijse appartement aan de Jardin du Luxembourg, waar je meteen bij het binnenstappen wordt aangesproken om overal van alles te gaan ontdekken. Dit verhoogt de belevingswaarde van de ruimte en versterkt ook het verhaal van de bewoners, die een digitaal platform voor fotografie uitbouwden dat wereldwijd actief is.

FR
Le style éclectique s'exprime essentiellement dans la façon de travailler les murs d'un intérieur. Les murs nus ne sont plus de mise. Cela se voit très bien dans cet appartement parisien près du Jardin du Luxembourg où, dès votre entrée, vous êtes attiré par tout ce que vous pouvez découvrir. Cela augmente le vécu spatial et renforce l'expérience de ses occupants qui viennent d'ailleurs de créer une plateforme digitale de photographie qui est active dans le monde entier.

NL
In dit appartement aan de Jardin du Luxembourg in Parijs geniet je niet alleen van het uitzicht en de tedere lichtinval, maar ook van de ruimte, de proporties, de decoratie en de sfeer. Dat is heel wat. Maar dat laatste is misschien wel het belangrijkste. De bewoners, Valerie Hersleven en Thierry Maillet, zijn verrassend dynamisch en steeds met nieuwe en vernieuwende projecten bezig. Thierry doceert en publiceert in binnen- en buitenland als specialist nieuwe media en communicatie. Valerie runde zowel in Brussel, Londen als Parijs een fotoagentschap. Nu bouwen ze samen Ooshot uit, een internationaal digitaal platform van professionele fotografen, een ambitieus project dat veel energie vergt. Wat heeft dit met hun interieur te maken? Veel, want hun interieur verandert voortdurend, samen met hen. Een tijdje geleden was het meer vintage, nu zorgen enkele barokkere accenten ervoor dat het helemaal up-to-date is. Zonder er veel over na te denken blijft hun interieur echt hedendaags, zonder trendy te willen zijn, want het is een heel persoonlijke woning met fijne, originele objecten. Niets komt zo maar gewoon uit een shop. Tezelfdertijd wordt hun appartement meer en meer een rustplek waar ze even kunnen bekomen van het hectische leven. Dit verklaart meteen de intieme sfeer.

FR
Dans cet appartement situé près du Jardin du Luxembourg à Paris, on jouit non seulement d'une splendide vue et d'une lumière douce, mais aussi de l'espace, des proportions, de la décoration et surtout de l'atmosphère. Tout un programme ! D'un dynamisme surprenant, ses occupants – Valérie Hersleven et Thierry Maillet – enchaînent les projets novateurs. En tant que spécialiste des nouveaux médias et de la communication, Thierry enseigne et publie tant en Belgique qu'à l'étranger. Valérie dirigeait quant à elle une agence de photographie à Bruxelles, Londres et Paris. Aujourd'hui, ils viennent de fonder ensemble Ooshot, une plateforme numérique internationale pour photographes professionnels : un projet ambitieux qui requiert beaucoup d'énergie. Quel est donc le rapport avec leur intérieur ? Il est important car leur intérieur change sans cesse, avec eux. Il y a quelque temps, le vintage était à l'ordre du jour. Aujourd'hui, quelques accents plus baroques assurent une mise à jour parfaite. Leur intérieur est contemporain sans être branché pour autant, car il respire une forte personnalité et comprend des objets d'un grand raffinement et d'une grande originalité. Tout a été choisi avec soin. En même temps, leur appartement est de plus en plus un havre de paix où ils peuvent se ressourcer (vie agitée oblige !). Ceci explique l'atmosphère intimiste.

Paris

EN
Paris remains a cultural crossing; this is also visible in interiors. The Anglo-Saxon influence is obvious. Valerie Hersleven comes from Belgium, specifically from Antwerp, the city with an international reputation in terms of fashion, art, and design. It is also where the whole vintage hype emerged many years ago. This manifests itself in the relaxed combination of old and new, baroque and sharp.

NL
Parijs blijft een kruispunt van culturen en dat merk je ook aan de interieurs. Hier is de Angelsaksische invloed tastbaar. Valerie Hersleven komt immers uit België en meer bepaald uit Antwerpen, de stad die een internationale reputatie geniet inzake mode, kunst en design. En waar ook de hele vintagehype al vele jaren geleden wortelschoot. Dit uit zich onder meer in de ontspannen combinatie van oud en nieuw, barok en strak.

FR
Paris reste un carrefour des cultures et les intérieurs en sont la preuve. L'influence anglo-saxonne est ici évidente. Valerie Hersleven est originaire de Belgique, plus précisément d'Anvers, la ville qui jouit d'une réputation internationale en matière de mode, d'art et de design. C'est là aussi que la rage du vintage prit racine il y a de nombreuses années. Cela se traduit entre autres dans la combinaison « relax » de l'ancien et du nouveau, du baroque et de la rigueur.

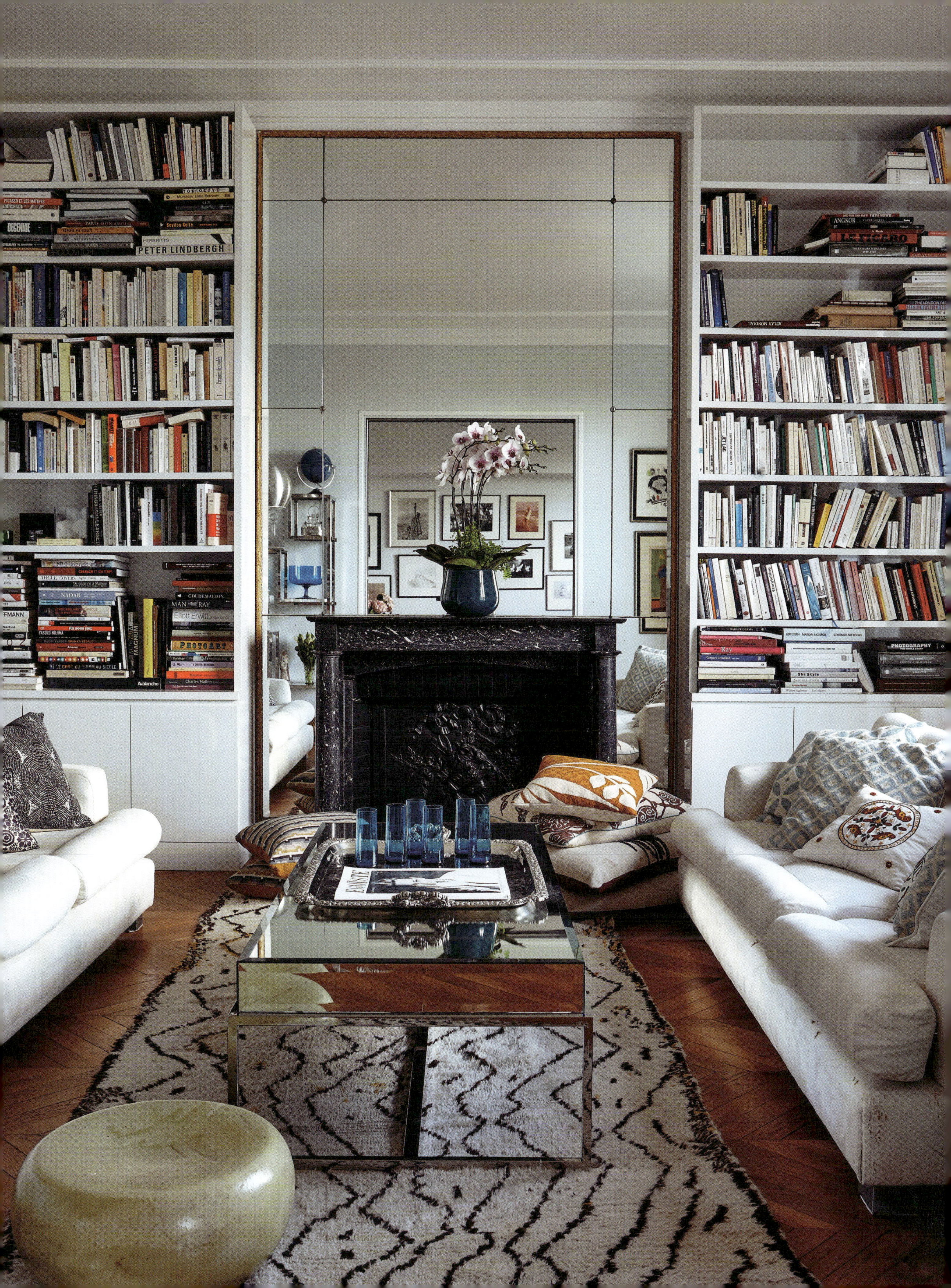

EN
It is a large Haussman-style apartment with many rooms, enfilades, and corridors that provide wonderful perspectives. Here, the entrance hall leads to the living room and library. Plenty of photographs on the wall, and vintage objects from Scandinavia throughout.

NL
Deze grote Haussmanniaanse flat telt vele kamers, enfilades en gangen die voor heerlijke doorzichten zorgen. Hier stappen we door de inkomhal die je onder meer naar de living room met bibliotheek leidt. Ook hier vind je weer heel wat fotografie aan de muur, naast vintage uit Scandinavië.

FR
C'est un grand appartement de style haussmannien avec de nombreuses chambres, des enfilades et des couloirs qui garantissent de belles échappées. Nous traversons ici le hall d'entrée qui débouche entre autres sur le living avec bibliothèque. On y voit encore de nombreuses photographies aux murs et du vintage scandinave.

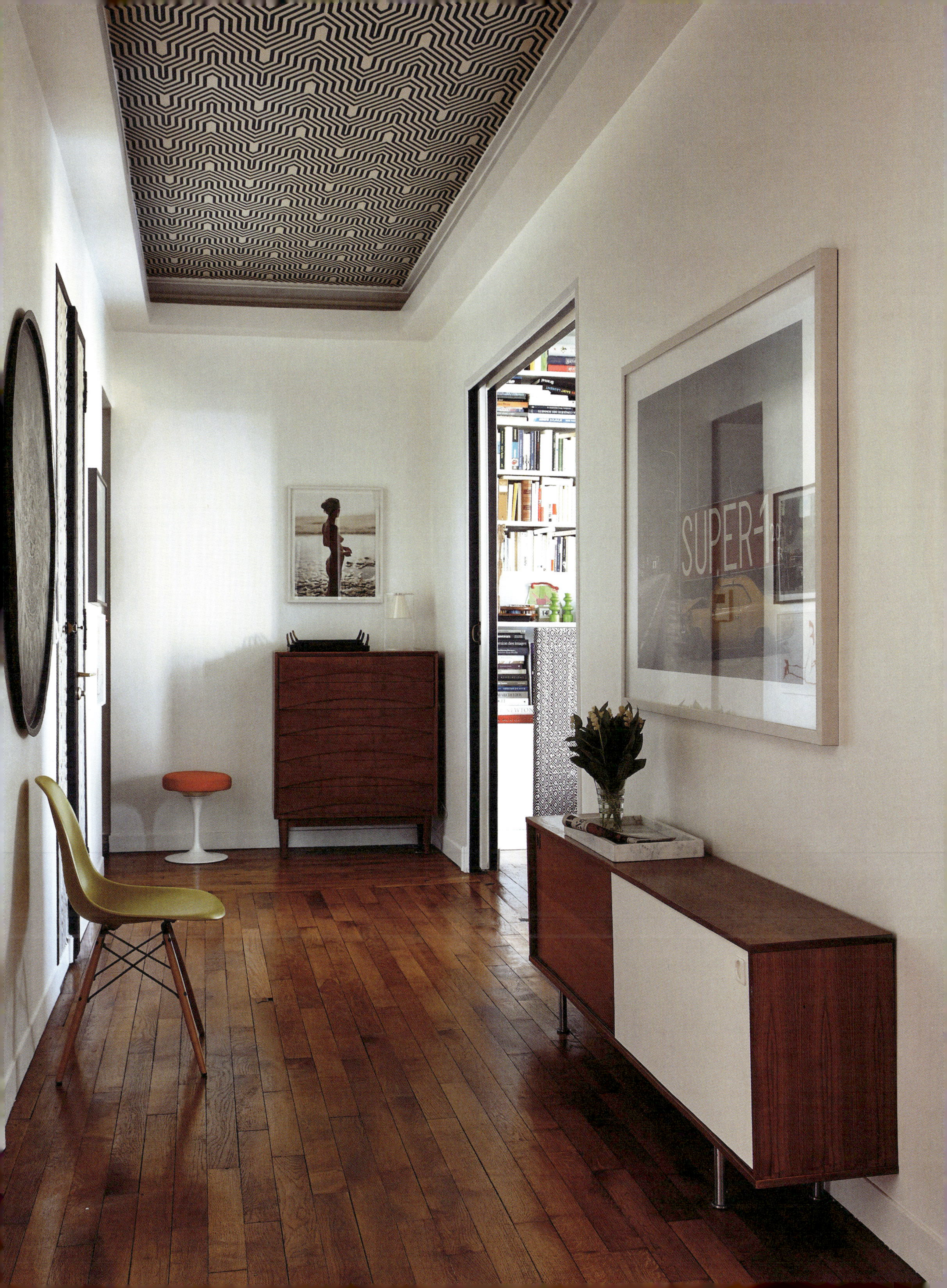
SUPER-1

THiNK ECLECTIC

Countryside

ANTIQUES & DESIGN

The combination of a country place with vintage flair and more baroque accents does not speak for itself. For Henri-Charles and Natasha Hermans, it is the logical consequence of their personal evolution. They used to be antique dealers; later, they mixed antiques with vintage. Their country property in Boechout, near Lier, developed over a couple of years without noticeable change in style. The decor is very liveable and creates a cheerful atmosphere. Their home style is as versatile as the polyhedron, the spatial figure after which they named their business: Polyedre. Henri-Charles travels nationally and internationally in search of unique antiques and vintage objects. With his travels, he leaves an impact on everything. In their home, the love for anything displaying artisan workmanship is important. They love old floors, beautiful patinas and painted walls. This probably has to do with the fact that Henri-Charles used to work with renowned Belgian art dealer Axel Vervoordt. The more every object, made of a noble material, is used, the more beautiful it becomes: an Italian copper design lamp, or a piece of furniture by Jules Wabbes. By combining old and new, sleek and rugged, artisanal and industrial, he creates contemporary tension.

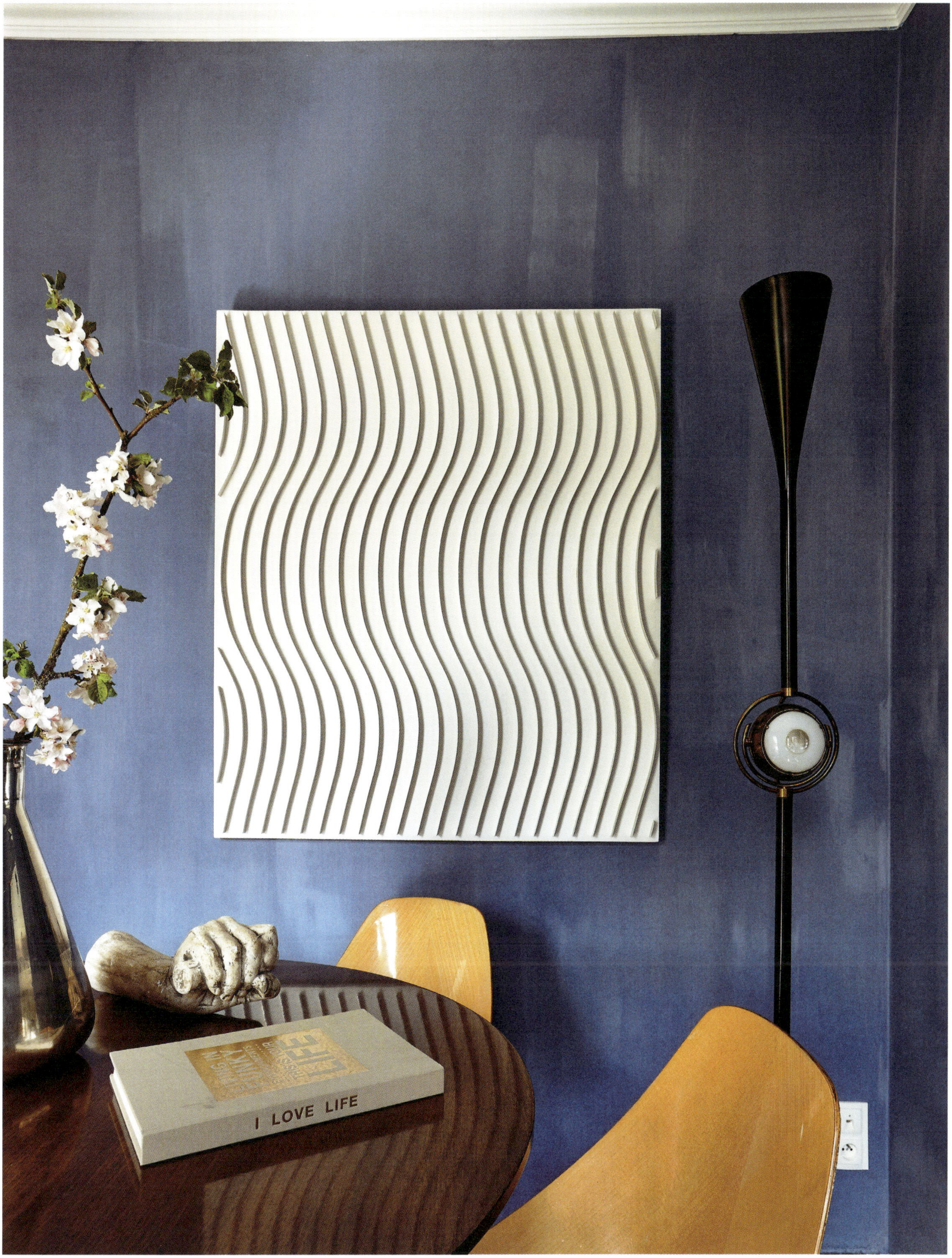
I LOVE LIFE

EN
This interior recently underwent an interesting renovation. The result is an unusual combination of rustic elements and vintage pieces. Henri-Charles and Natasha worked as antique dealers for many years. The country house used to look much more rustic. They preserved this basic style. Old doors, mantels, and floors provide a relaxing environment, boosted with colour and design.

NL
Dit interieur onderging onlangs een interessante gedaanteverwisseling, met als resultaat een ongewone combinatie van landelijke elementen met vintage. Henri-Charles en Natasha waren jarenlang actief als antiquair. Het landhuis zag er vroeger veel landelijker uit. Daarvan hebben ze de basis bewaard. De oude deuren, schouwen en vloeren zorgen voor een rustgevend kader dat wordt gedynamiseerd met kleur en design.

FR
Cet intérieur a subi récemment une métamorphose intéressante. Avec pour résultat une combinaison inhabituelle d'éléments champêtres et de vintage. Henri-Charles et Natasha ont été antiquaires durant de longues années. La maison de campagne avait jadis des allures nettement plus champêtres. Ils en ont conservé les bases. Les portes anciennes, les cheminées et les revêtements de sol créent un cadre apaisant dynamisé par les couleurs et le design.

NL De combinatie van een landelijke plek met wat vintage en meer barokke accenten ligt niet voor de hand. Voor Henri-Charles en Natasha Hermans is het een logisch gevolg van hun persoonlijke evolutie. Vroeger waren ze actief als antiquair en vervolgens mengden ze antieke stukken met vintage. Hun landelijke woning in Boechout, nabij Lier, veranderde in een paar jaar tijd zonder een opvallende stijlbreuk. Het decor is heel leefbaar en opgewekt qua sfeer. Hun huisstijl is net zo veelzijdig als de polyeder, de ruimtelijke figuur waar ze hun zaak, Polyedre, naar hebben genoemd. Henri-Charles reist binnen- en buitenland af op zoek naar aparte oudheden en vintage. Bij het reizen doet hij overal indrukken op. In hun woning blijft de liefde voor al wat van artisanale makelij is belangrijk: ze houden van oude vloeren, mooie patina's en beschilderde wanden. Dit heeft waarschijnlijk ook te maken met het feit dat Henri-Charles vroeger een tijd bij de vermaarde Belgische kunsthandelaar Axel Vervoordt heeft gewerkt. Door het gebruik wordt elk object, vervaardigd van nobel materiaal, alleen maar mooier, ook een koperen Italiaanse designlamp of een meubel van Jules Wabbes. De confrontatie van oud en nieuw, glad en ruw en artisanaal en industrieel zorgt voor een hedendaags spanningsveld.

Countryside

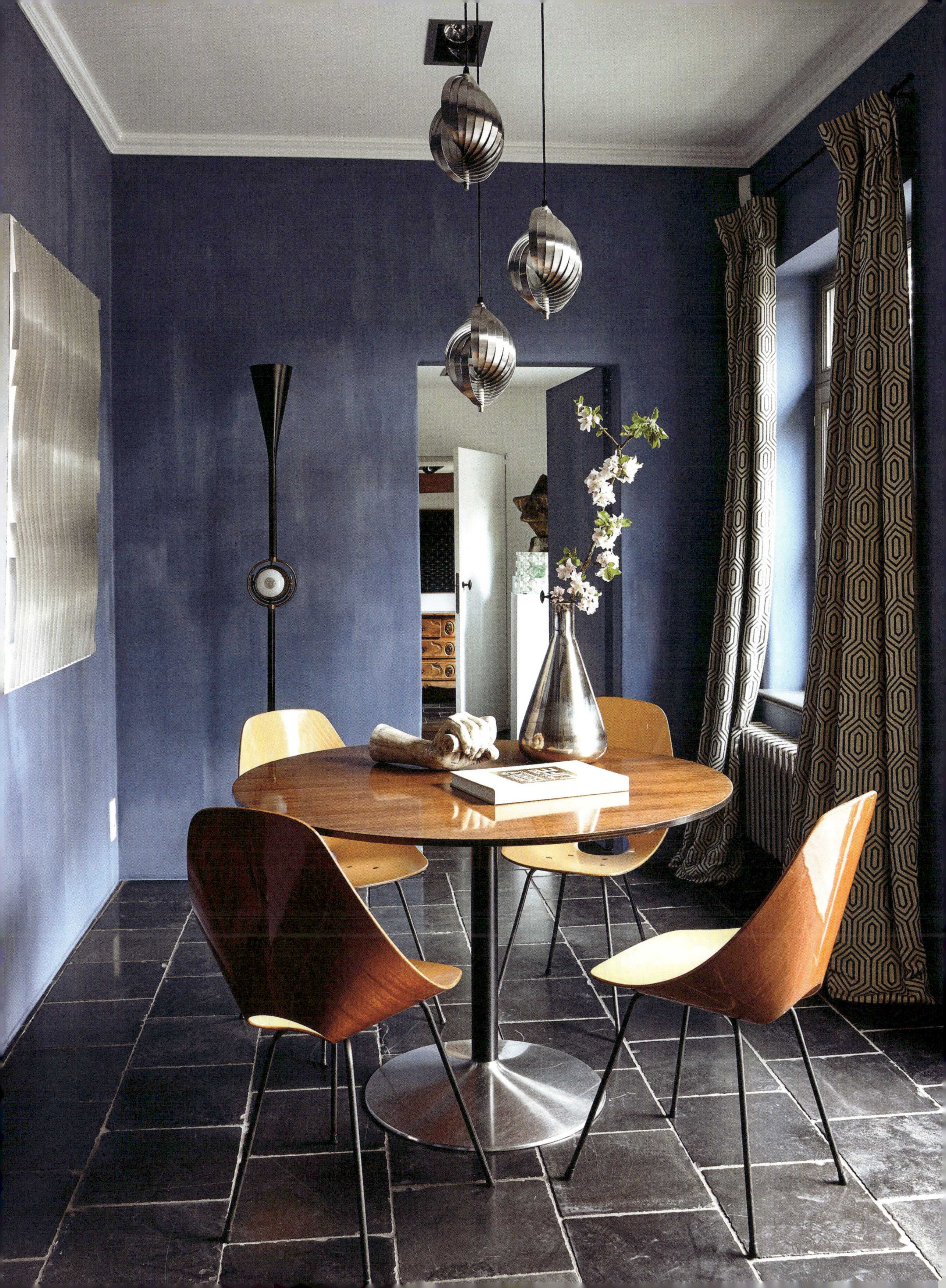

EN
Their tendency to mix trends keeps progressing: they painted the walls of the office in geometric patterns that perfectly match the Jules Wabbes furniture. It is more than a simple combination of old and new: it also mixes industrial shapes with traditional decoration techniques.

NL
Hun zin voor het mixen van trends gaat steeds verder, nu hebben ze de wanden van het bureau beschilderd met geometrische patronen die perfect passen bij het meubel van designer Jules Wabbes. Het gaat niet alleen om de combinatie van oud en nieuw, maar ook van industriële vormgeving en artisanale decoratietechnieken.

FR
Leur goût du mélange des genres va de plus en plus loin car ils ont recouvert les murs du bureau de motifs géométriques qui s'accordent à merveille avec le mobilier de Jules Wabbes. Ce n'est pas seulement une combinaison de l'ancien et du nouveau, mais aussi d'esthétique industrielle et de techniques de décoration artisanales.

FR
Combiner un endroit champêtre avec des objets vintage et baroques n'est pas évident. Pour Henri-Charles et Natasha Hermans, c'est la suite logique de leur évolution personnelle. Dans un premier temps, ils ont vendu des antiquités et plus tard, des antiquités et du vintage. Leur maison à la campagne, à Boechout près de Lierre, se transforma au fil du temps, sans rupture de style notoire. Le décor y est accueillant et l'ambiance très agréable. Le style de leur maison comprend autant de facettes qu'un polyèdre, la figure géométrique qui a donné son nom à leur commerce, Polyedre. Henri-Charles est constamment en quête d'antiquités particulières et de vintage. Lors de ses déplacements en Belgique et à l'étranger, il accumule les impressions. Dans leur habitation, leur amour pour tout ce qui est de facture artisanale est important : ils aiment les vieux sols, les belles patines et les murs peints. Cela est probablement dû au fait qu'Henri-Charles a travaillé un certain temps chez le célèbre antiquaire belge Axel Vervoordt. Tout objet réalisé dans un matériau noble s'embellit lorsqu'on l'utilise ; cela vaut aussi bien pour une lampe design italienne en cuivre que pour un meuble de Jules Wabbes. La confrontation entre l'ancien et le nouveau, le fini et le brut, l'artisanal et l'industriel crée un champ de tension passionnant.

Countryside

EN
The home keeps its rural atmosphere and style. The whitewashed walls and rattan furniture from the fifties are a good sign of this. In the kitchen, the large wooden dining table is still there. Furniture made of rough boards is trendy, along with seats by Pierre Guariche.

NL
De woning blijft wel haar landelijke stijl en sfeer behouden. Daarvoor zorgen de gekalkte muren en het rotanmeubilair uit de fifties. In de keuken bleef de grote houten eettafel staan. Meubels van ruwe planken zijn trouwens in, daartussen staan stoeltjes van Pierre Guariche.

FR
La demeure a gardé son style et son atmosphère champêtre grâce aux murs peints à la chaux et au mobilier en rotin des fifties. La grande table en bois n'a pas quitté la cuisine. Les meubles en planches brutes sont d'ailleurs en vogue. Les chaises de Pierre Guariche assurent la finition.

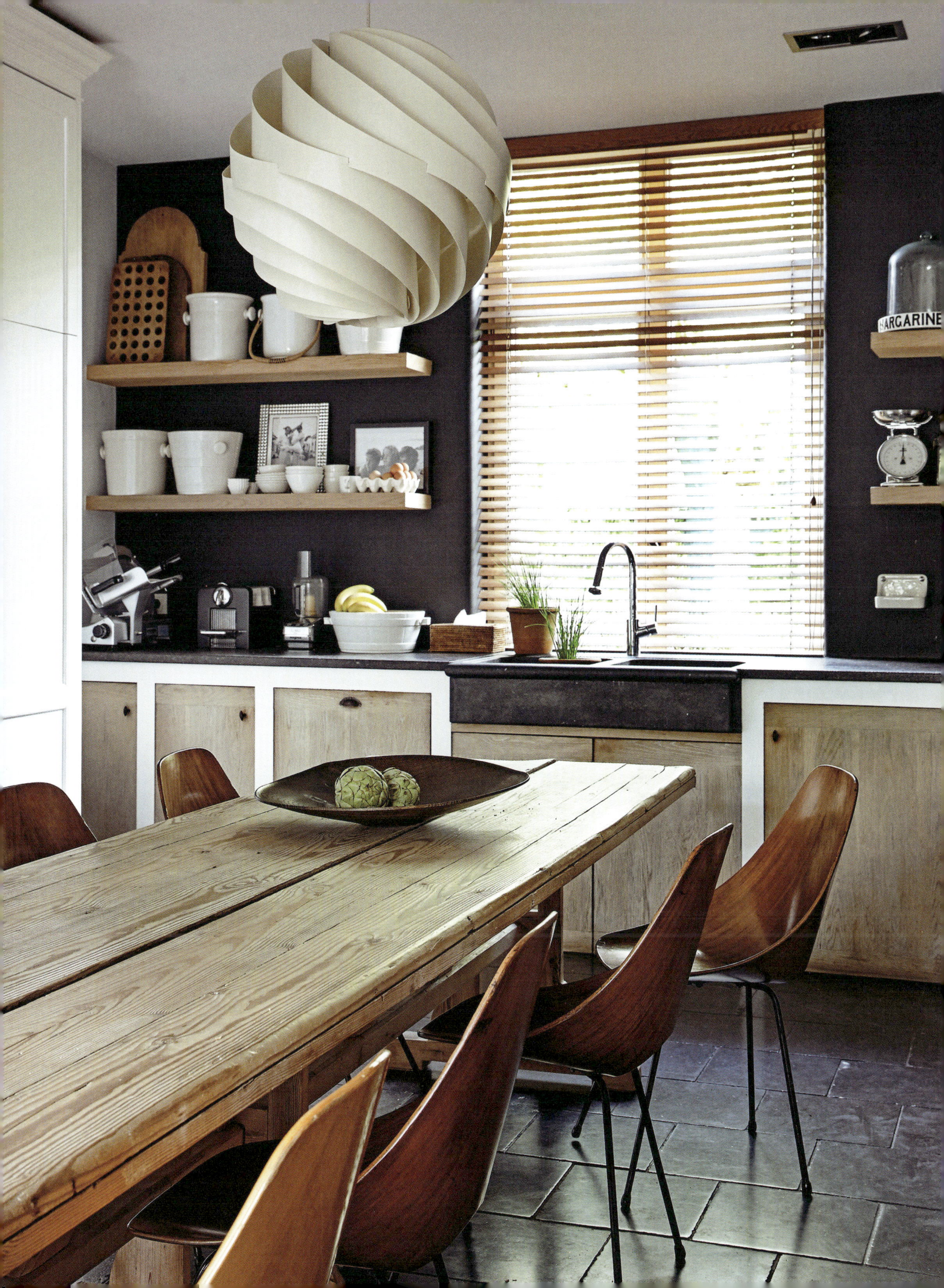
ARGARINE

THiNK ECLECTIC

Minerva ON THE ROOF

This house also has a unique history. In the 1920s, Antwerp jeweller Raymond Ruys ordered this building as a garage for his elegant car, a Minerva. Above it, he set up an apartment for his chauffeur, which interior designer Lene Van Look converted for herself. She extended the rear building with a high cubic mass that brings innatural light and where she has her living room; on the top, there is a beautiful roof garden. Lene reused old hardwood floors and antique glass for the iron windows of artisan-industrial manufacture. Her style is part-country because of the significant woodwork; however, mirrors and numerous unique finds give it an eclectic touch. Lene Van Look decorates houses, but she is also active as an interior designer for the beautiful stores of internationally praised fashion designer Dries Van Noten. This activity naturally stimulates her inspiration. Not only is the warm style of her home fascinating: also, the unusual and somewhat complex structure creates visual surprises, such as the patio between kitchen and living room. The roof garden was developed in several phases by Archi-Verde and Ronald van der Hilst: it is a green meditation sanctuary in the city.

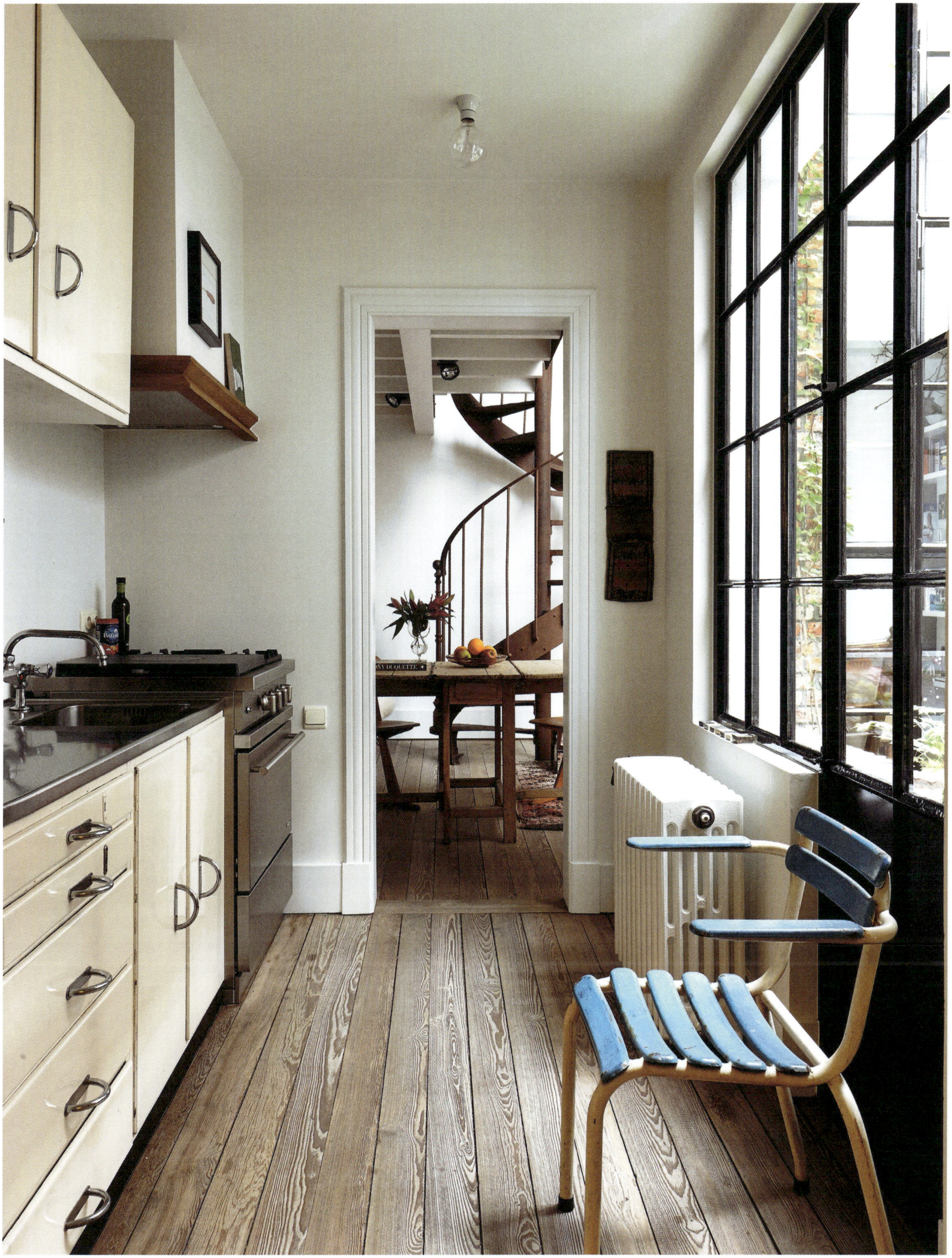

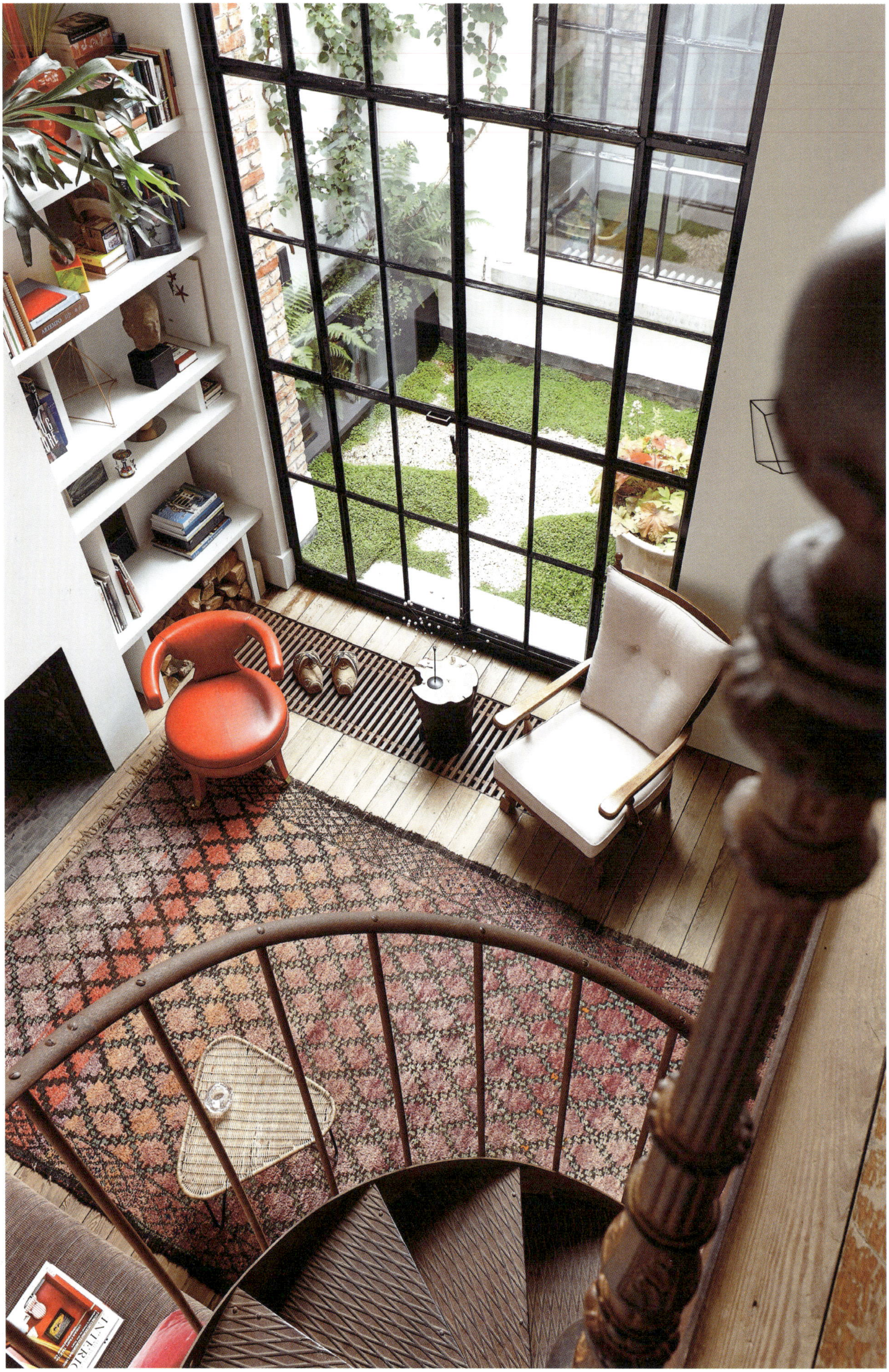

EN

This pre-war house is very surprising. Originally, it was a cramped apartment over a garage housing an expensive sport car. Interior architect Lene Van Look has redesigned the space and had the amazing idea to create a small living room that was several meters high. From the old spiral staircase, you have a remarkable view of the entire living space. The small roof garden provides some additional light.

NL

Deze vooroorlogse woning is buitengewoon verrassend. Het was oorspronkelijk een krap bemeten flat boven de garage waarin ooit een kostbare bolide stond. Interieurarchitecte Lene Van Look hertekende de ruimte en kwam op het schitterende idee om een kleine maar metershoge living room te creëren. Vanaf de oude draaitrap krijg je een opmerkelijk zicht over de hele leefruimte. Het daktuintje zorgt voor extra lichtinval.

FR

Cette maison d'avant-guerre est extrêmement surprenante. À l'origine, il s'agissait d'un appartement exigu situé au-dessus du garage qui abritait jadis un bolide très coûteux. L'architecte d'intérieur Lene Van Look redessina l'espace et eut l'idée géniale de créer un petit living de plusieurs mètres de hauteur. Du haut du vieil escalier en colimaçon, on a une vue remarquable sur l'ensemble de l'espace vital. Le petit jardin de toiture apporte un surplus de lumière.

NL

Ook deze woning heeft een apart verhaal. In de jaren 1920 liet de Antwerpse edelsmid Raymond Ruys het pand bouwen als garage voor zijn sierlijke bolide, een Minerva. Hij installeerde erboven een woning voor zijn chauffeur, die interieurontwerpster Lene Van Look verbouwde om er zelf in te wonen. Ze verruimde de achterbouw met een hoog balkenvolume dat het licht naar binnen haalt, op de plaats waar ze haar woonkamer heeft, en waarboven een prachtige daktuin ligt. Lene hergebruikte oude plankenvloeren en antiek glas voor de ijzeren ramen die van artisanaal-industriële makelij zijn. Haar stijl is landelijk door het vele houtwerk, maar de spiegels en de vele kleurrijke vondsten zorgen voor een eclectische toets. Lene Van Look richt veel woningen in, maar is ook actief als interieurarchitect voor de prachtige winkels van de internationaal vermaarde couturier Dries Van Noten. Deze activiteit prikkelt uiteraard haar inspiratie. Niet enkel de warme stijl van haar woning is boeiend, ook de bijzondere en ietwat complexe structuur zorgt voor visuele verrassingen, zoals de kleine patio tussen keuken en woonkamer. De daktuin werd in verschillende fazen ontworpen door Archi-Verde en Ronald van der Hilst: een groene meditatieplek midden in de stad.

FR

Cette habitation a elle aussi une histoire. Dans les années 1920, l'orfèvre anversois Raymond Ruys fit construire le bâtiment pour y abriter son élégant bolide, une Minerva. À l'étage, il fit aménager un appartement pour son chauffeur. La décoratrice d'intérieur Lene Van Look transforma le bâtiment pour l'occuper elle-même. Elle l'agrandit à l'arrière d'un haut volume cubique abritant un séjour inondé de lumière et au-dessus duquel est aménagé un splendide jardin de toiture. Lene réutilisa de vieux planchers en bois et du verre ancien pour les fenêtres dotées de châssis en fer de facture tant artisanale qu'industrielle. Le style est rural du fait des nombreuses boiseries, mais les miroirs et les nombreuses trouvailles hautes en couleur lui confèrent une note éclectique. Lene Van Look décore de nombreuses maisons, mais elle est aussi l'auteure des magnifiques boutiques du couturier de renommée mondiale, Dries Van Noten. Cette activité attise forcément son imagination. Ce n'est pas uniquement le style chaleureux de sa maison qui interpelle, mais aussi sa structure singulière, voire complexe, qui réserve bien des surprises visuelles, comme le petit patio entre la cuisine et le living. Le jardin de toiture – un lieu de méditation situé en plein centre-ville – a été conçu en plusieurs étapes par Archi-Verde et Ronald van der Hilst.

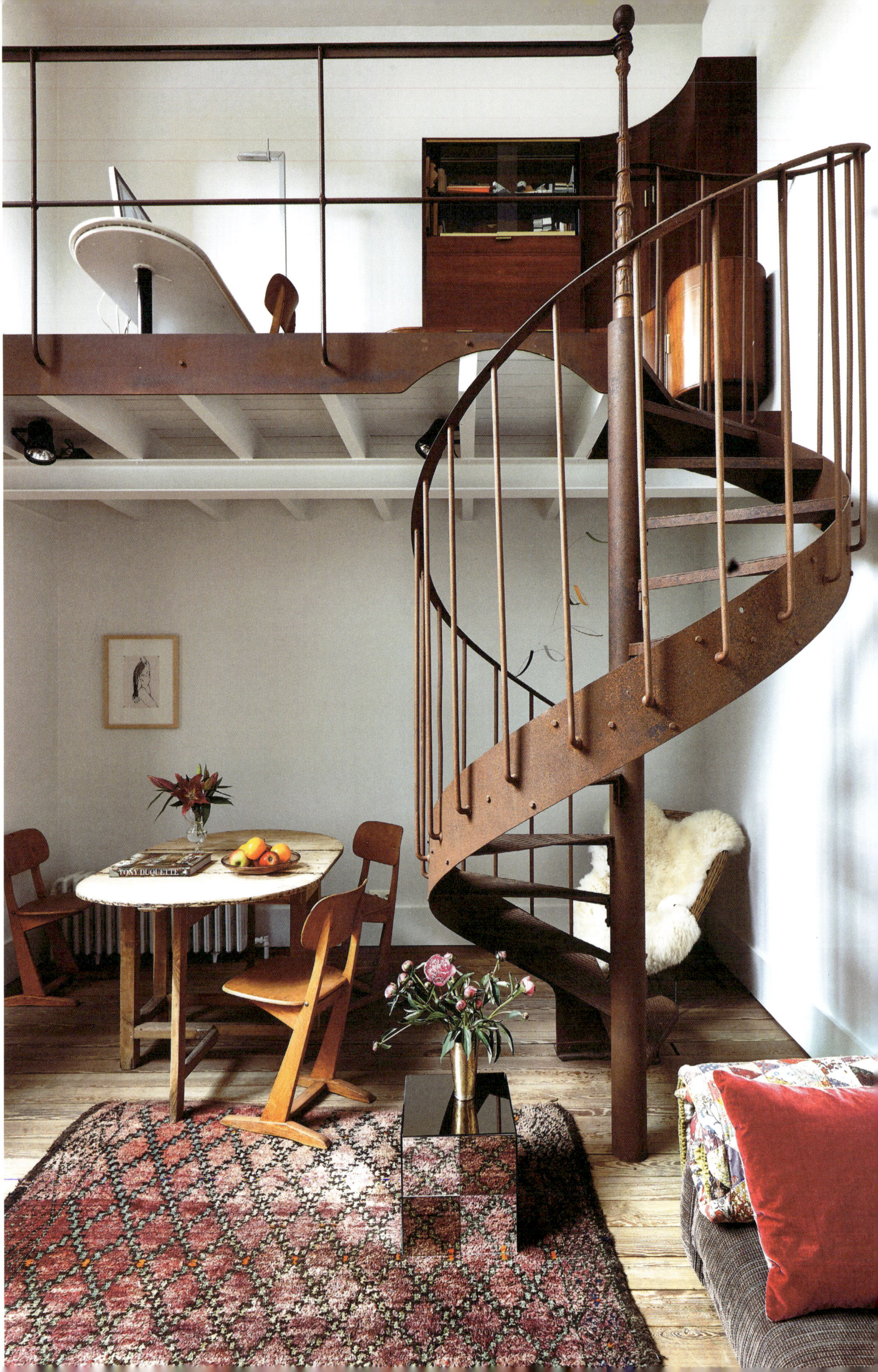
TONY DUQUETTE

EN
Lene likes a basic rustic style. The floor is covered with an antique Moroccan rug; the dining table is an heirloom surrounded with vintage school chairs. There is a small work area upstairs with a fine Pastoe cupboard designed by Cees Braakman. In the hallway, the sun adds touches of colour, and you can see into the bedroom.

NL
Lene houdt van een landelijke basisstijl. Op de vloer ligt een antiek Marokkaans tapijt, de eettafel is een erfstuk waarrond vintage schoolstoelen staan. Boven is er een kleine werkhoek waar ook een fraaie Pastoekast staat, ontworpen door Cees Braakman. In de gang zorgt de zon voor kleuraccenten en kijk je tot in de slaapkamer.

FR
Lene apprécie le style champêtre comme style de base. Un ancien tapis marocain couvre le sol, la table est un héritage autour de laquelle elle a placé des chaises de classe vintage. En haut, dans le coin de travail, vous remarquez une belle armoire Pastoe créée par Cees Braakman. Le couloir, où le soleil joue avec les couleurs, débouche sur la chambre à coucher.

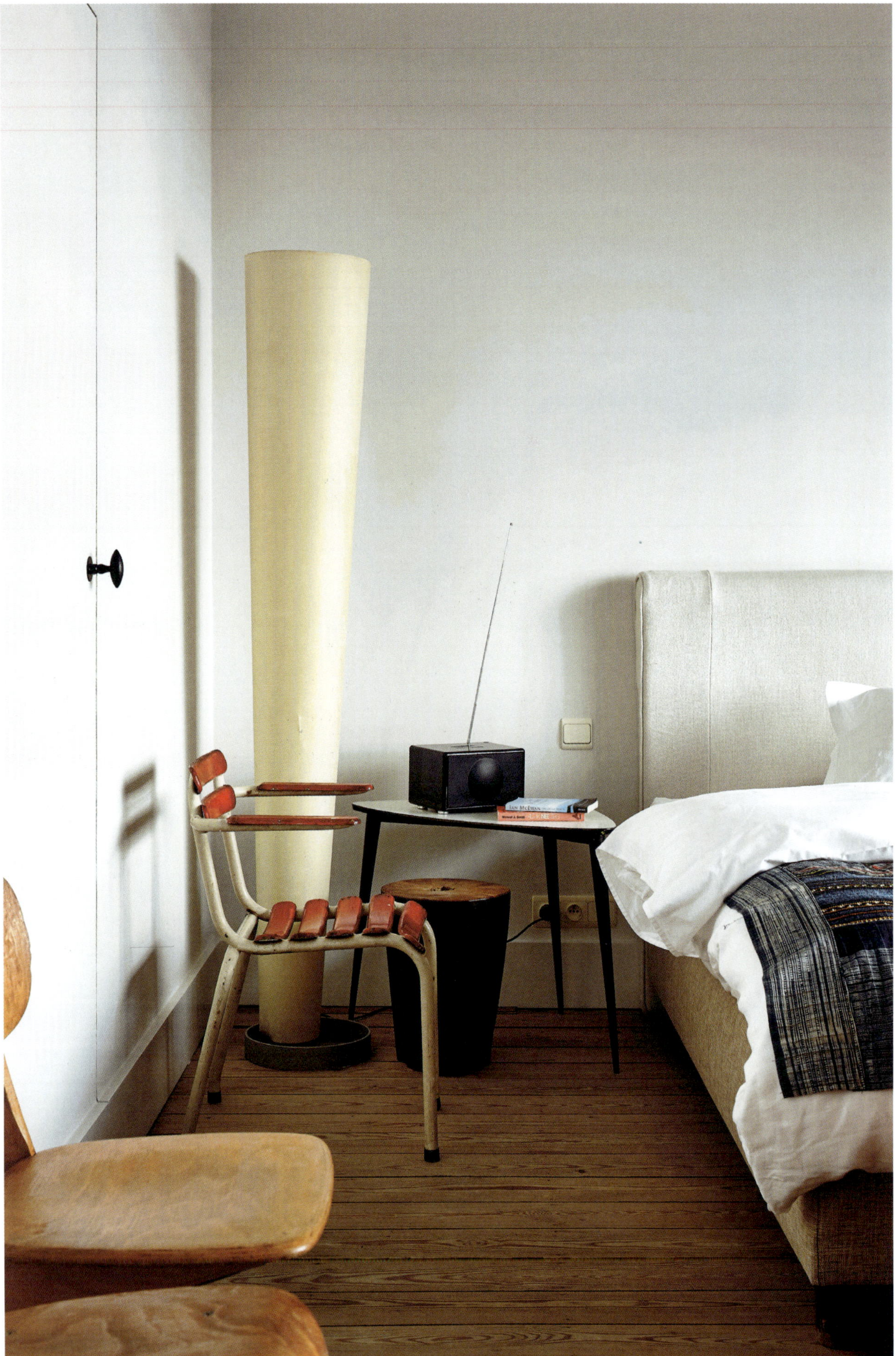

EN
There are two identical garden chairs from the Fifties in the bedroom and the bathroom. Everywhere, there are steel windows with antique glass with just perfect graphic lines and proportions. This interior exudes so much tranquillity, a rare benefit when you live in the middle of the city!

NL
Er staan twee identieke tuinstoelen uit de jaren 1950 in de slaapkamer en de badkamer. Overal zitten er stalen ramen met antiek glas, waarvan de grafische lijn en de proporties gewoon perfect zijn. Dit interieur straalt zoveel rust uit, een kostbaar goed als je in het midden van de stad woont!

FR
Dans la chambre à coucher et la salle de bains, on compte deux chaises de jardin identiques des années cinquante. Partout, vous trouvez des châssis en acier avec du verre ancien dont la ligne graphique et les proportions sont parfaites. Cet intérieur respire la paix, un bien précieux lorsqu'on habite au milieu de la ville !

THiNK ECLECTIC

Ampersand House   THE SWEDISH TOUCH

When this building's Australian residents chose the ampersand as a symbol for their art and design gallery, they obviously knew that mixing elements of style, colour and objects is the adagio of our modern habitat culture. Kathryn Smith and her partner Ike Udechuku were already somewhat ahead of their time. When they settled in Brussels a few years ago following stays in New York and London, they introduced the Anglo-Saxon style of decor there, more as collectors than decorators. Recently, they redecorated this 1875 town house, of which they kept numerous old decor elements including the neo-renaissance panelling in the kitchen. Every once in a while, they open their doors for an exhibit in which they combine art with unusual design. Currently, they are fans of Swedish Revival furniture, neoclassic pieces from the 1940s and 1950s that preceded the design style. These are delicate pieces of furniture that you rarely see elsewhere. They fit perfectly into this Brussels townhouse with its high ceilings covered in stucco and marble fireplaces. In short, the ampersand symbol fits perfectly since it perfectly blends so many exciting elements together. "For us, Brussels was truly a surprise," says Kathryn, "because of the architecture and culture. We discovered numerous designers such as Nathalie Dewez, Benoît Deneufbourg and Danny Venlet whom we also exhibit. The combination of contemporary art and design with the old structure of the house and our vintage design collection works well. To fully break up the atmosphere, we live here; the gallery is our home. Everyone finds this exciting."

Ampersand House

THE GREEK MYTHS I
THE GREEK MYTHS II
AFRICA
THE BODY
ACADEMIA
LANGUAGE
Living in Morocco
CABINETS of CURIOSITIES
DAVID BAILEY ARCHIVE ONE
WALKER
EVANS
HAVANA

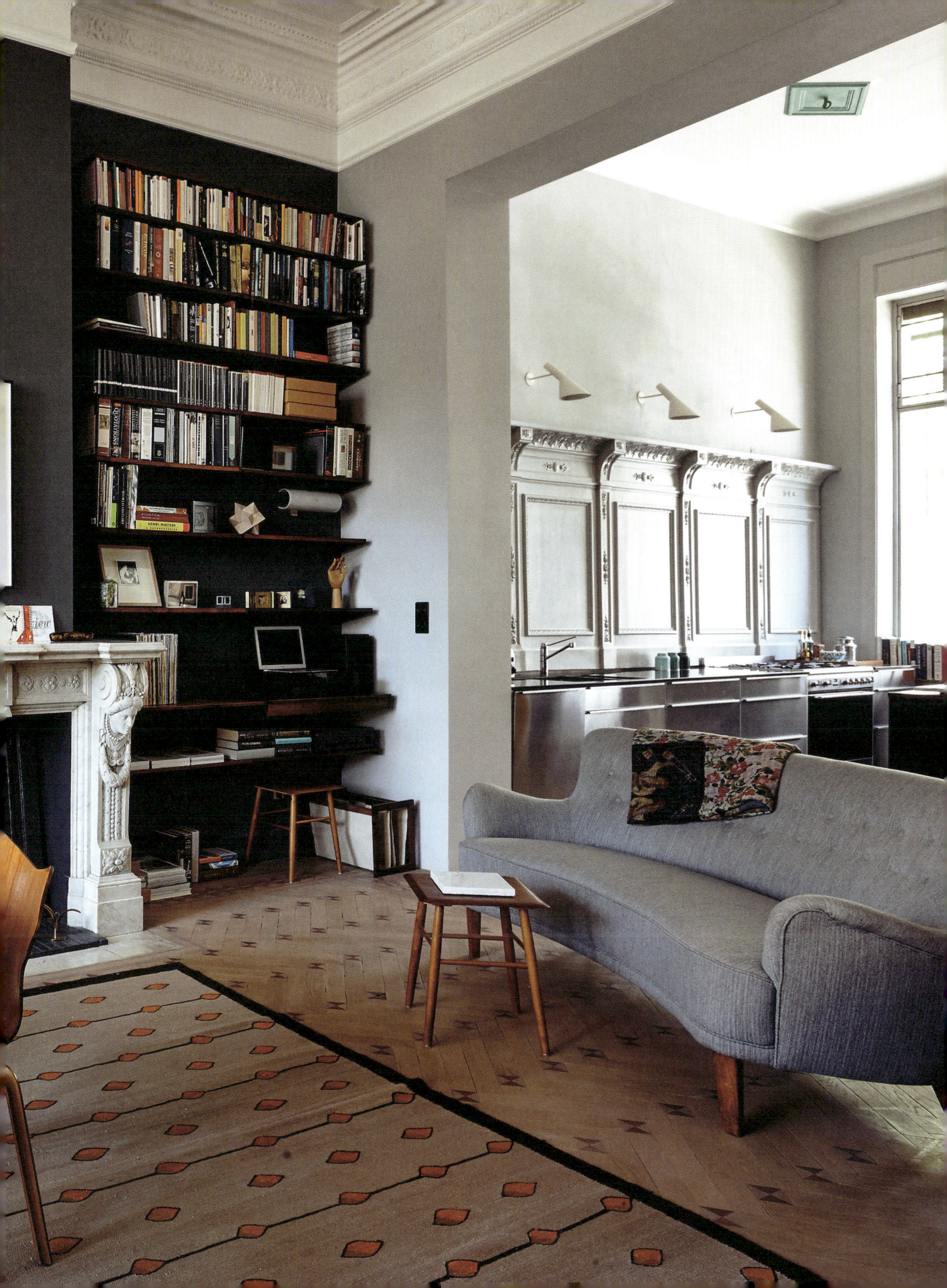

EN

The residents of this house are from Australia; they lived in the United States and in Great Britain before buying a large 1875 mansion in Brussels and gently renovating it. Many old interior elements have been preserved. The colours on the walls make everything look fresh and provide an ideal background for their unusual vintage collection: they display the work of many exclusive designers that are less known to the general public.

NL

De bewoners van dit huis komen uit Australië en kwamen via de States en de UK uiteindelijk in Brussel terecht, waar ze dit mooie herenhuis uit 1875 kochten en opknapten met zachte hand. Heel wat oude interieurelementen bleven bewaard. Door de kleuren op de wanden ziet alles er fris uit en werd een ideale fond gevonden voor hun ongewone vintagecollectie, want in dit huis staan heel wat ontwerpen van exclusieve designers die evenwel minder bekend zijn bij het grote publiek.

FR

Les occupants de cette maison viennent d'Australie et sont arrivés à Bruxelles via les États-Unis et le Royaume-Uni. Ils firent l'acquisition de cette belle maison de maître de 1875 qu'ils retapèrent avec ménagement. Ils ont conservé bon nombre d'éléments anciens de l'intérieur. Grâce aux couleurs sur les murs, tout semble très frais et constitue le fond idéal pour leur collection de vintage inhabituel. Ils ont chez eux une riche collection de designers exclusifs moins connus du grand public.

NL Toen de uit Australië afkomstige bewoners van dit pand het ampersandteken als symbool kozen voor hun kunst- en designgalerie, wisten ze natuurlijk dat het mixen van stijlelementen, kleuren en objecten hét adagio is van onze hedendaagse wooncultuur. Kathryn Smith en haar man Ike Udechuku waren al een beetje voor op hun tijd. Toen ze zich enkele jaren geleden in Brussel vestigden, na een verblijf in New York en Londen, introduceerden ze hier de Angelsaksische wijze van decoreren, meer als verzamelaars dan als decorateurs. Zopas knapten ze ook dit herenhuis uit 1875 op, waarvan ze heel wat oude decorelementen hebben bewaard, tot en met de neorenaissancelambrisering in de keuken. Nu en dan openen ze hun deuren voor een tentoonstelling waarvoor ze kunst combineren met ongewoon design. Momenteel zijn ze tuk op Swedish Revival meubilair, de neoklassieke meubels uit de jaren 1940 en 1950 die de designstijl voorafgingen. Dit zijn delicate meubels die je elders zelden ziet. Ze passen perfect in dit Brusselse herenhuis met hoge plafonds vol stucwerk en marmeren schouwen. Kortom, waar zoveel boeiende elementen met elkaar worden verbonden, past het ampersandteken wonderwel. "Voor ons was Brussel echt een ontdekking," vertelt Kathryn, "wegens de architectuur en de cultuur. We leerden flink wat designers kennen, zoals Nathalie Dewez, Benoît Deneufbourg en Danny Venlet, die we ook exposeren. De combinatie van hedendaagse kunst en design met het oude frame van de woning en onze collectie vintagedesign werkt. Om de typische galeriesfeer helemaal te doorbreken, bewonen we deze plek. De galerie is ons huis, dat vindt iedereen spannend."

FR Lorsque les occupants de cette demeure, originaires d'Australie, choisirent l'esperluette comme symbole de leur galerie d'art et de design, ils savaient déjà que le mélange de styles, de couleurs et d'objets est l'adage de notre art de vivre contemporain. Kathryn Smith et son mari Ike Udechuku avaient déjà une longueur d'avance sur leur époque. Lorsqu'ils s'installèrent à Bruxelles il y a quelques années, après des séjours à New York et Londres, ils introduisirent chez nous la manière anglo-saxonne de décorer, plus comme collectionneurs que décorateurs. Ils viennent de restaurer cette maison de maître de 1875 dont ils ont conservé plusieurs éléments décoratifs anciens, dont les lambris néo-Renaissance de la cuisine. De temps à autre, ils ouvrent leurs portes pour une exposition d'art et d'objets design insolites. Actuellement, ils sont friands de mobilier du Swedish Revival : des meubles néoclassiques des années 1940 et 1950 qui précédèrent le design. Ces meubles raffinés et difficiles à trouver cadrent à merveille dans cette maison de maître bruxelloise dotée de hauts plafonds ornés de moulures en stucs, et de cheminées en marbre. Bref, l'esperluette est l'emblème rêvé pour cet endroit qui rassemble tant d'éléments passionnants. « Bruxelles a été pour nous une véritable découverte, raconte Kathryn, du fait de son architecture et de sa culture. Nous avons fait la connaissance de nombreux designers tels que Nathalie Dewez, Benoît Deneufbourg et Danny Venlet, que nous exposons d'ailleurs. La combinaison d'art contemporain et de design avec notre propre collection d'objets vintage fonctionne à merveille dans le cadre ancien de cette maison. Pour rompre complètement l'atmosphère typique de la galerie, nous séjournons dans cet endroit. La galerie est notre maison et tout le monde trouve cela intéressant. »

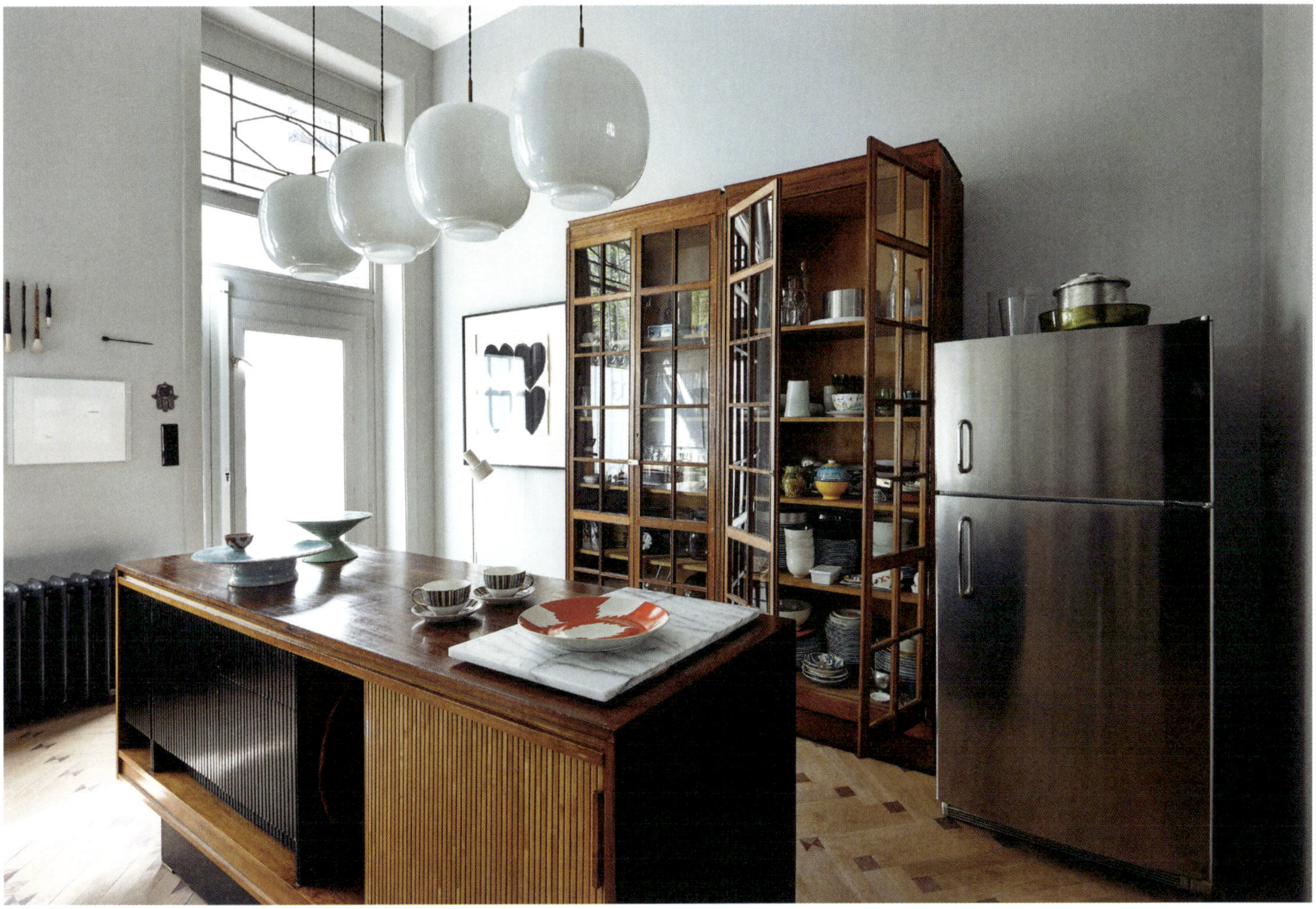

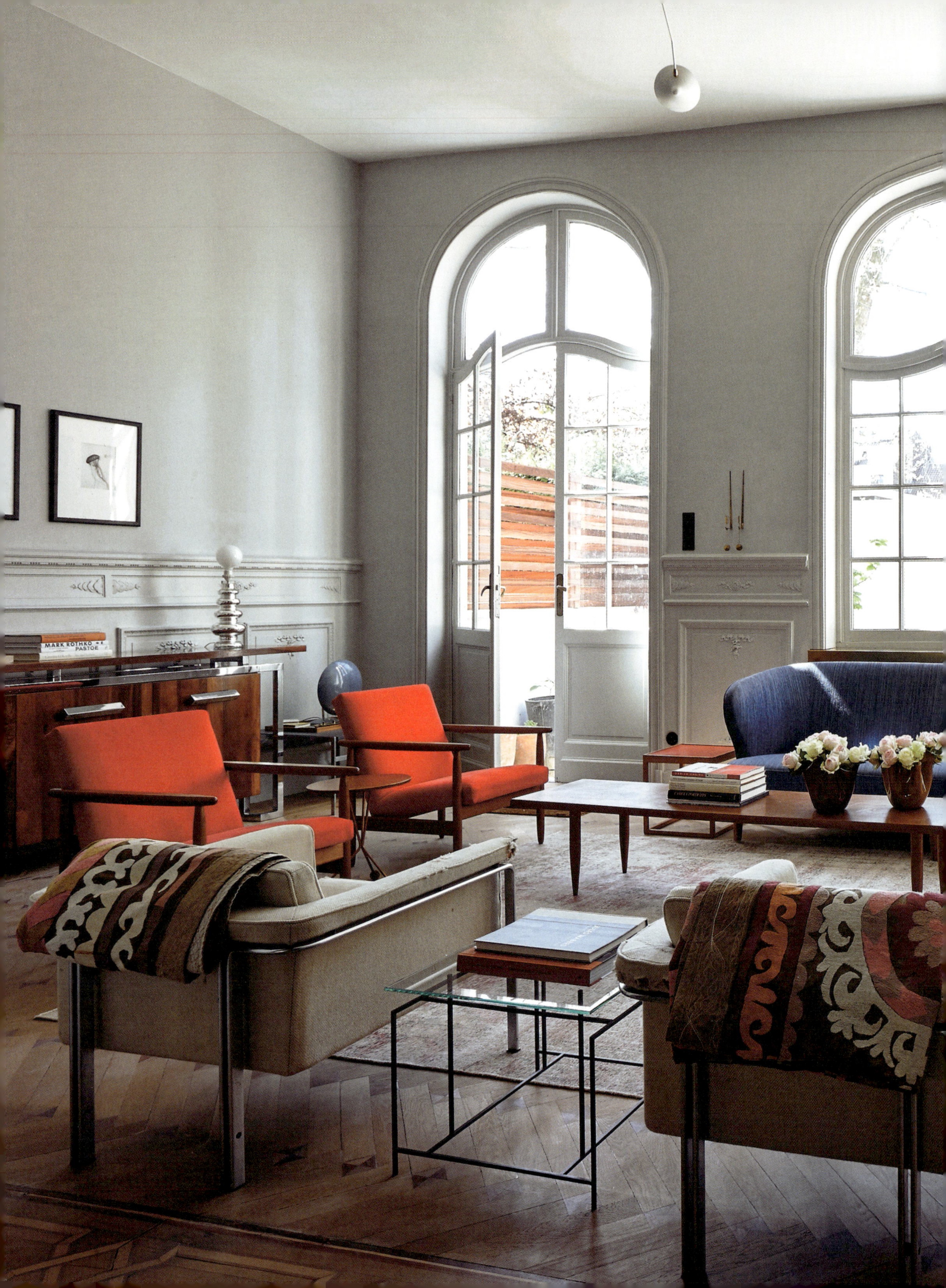
MARK ROTHKO
PASTOE

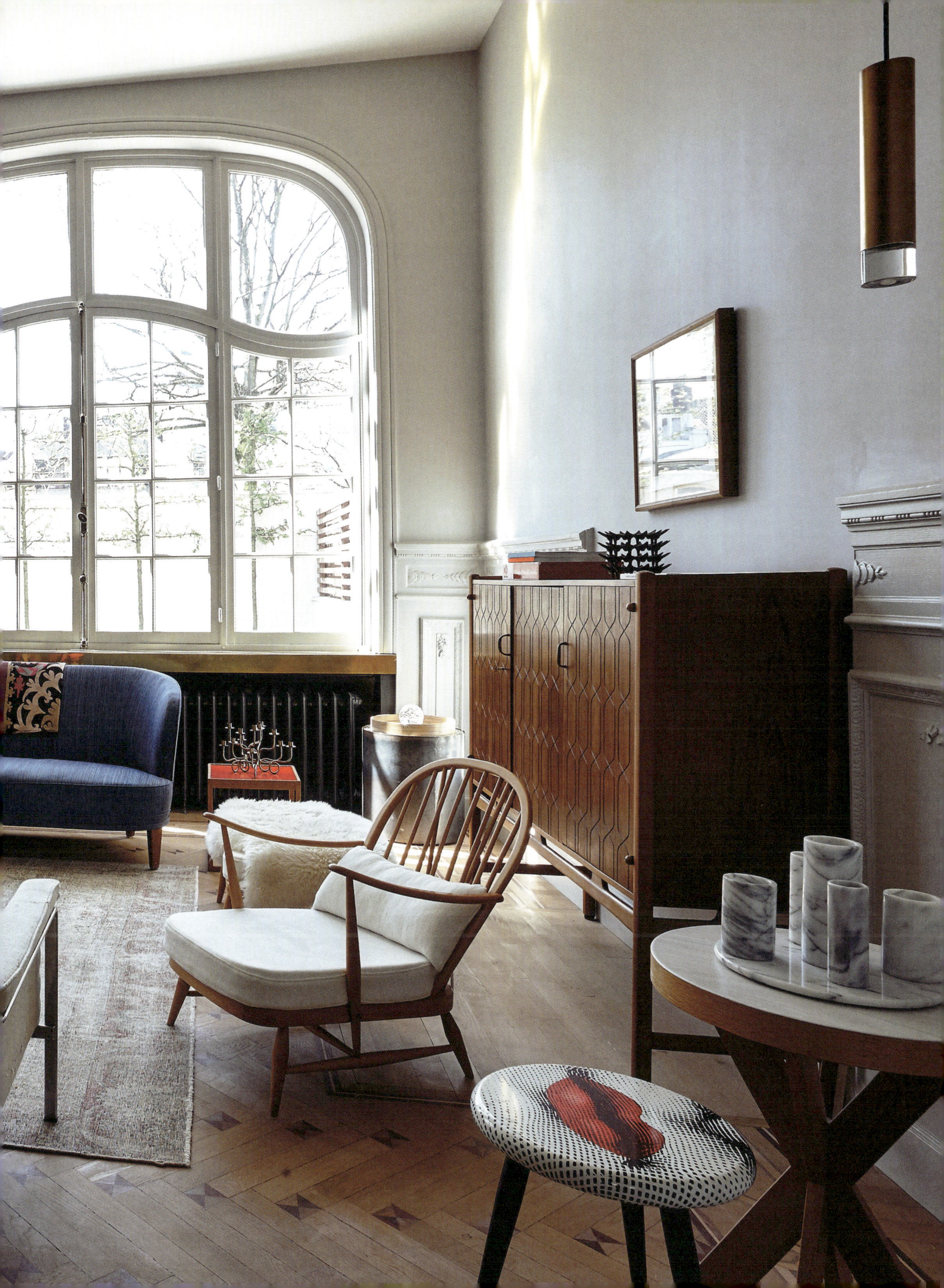

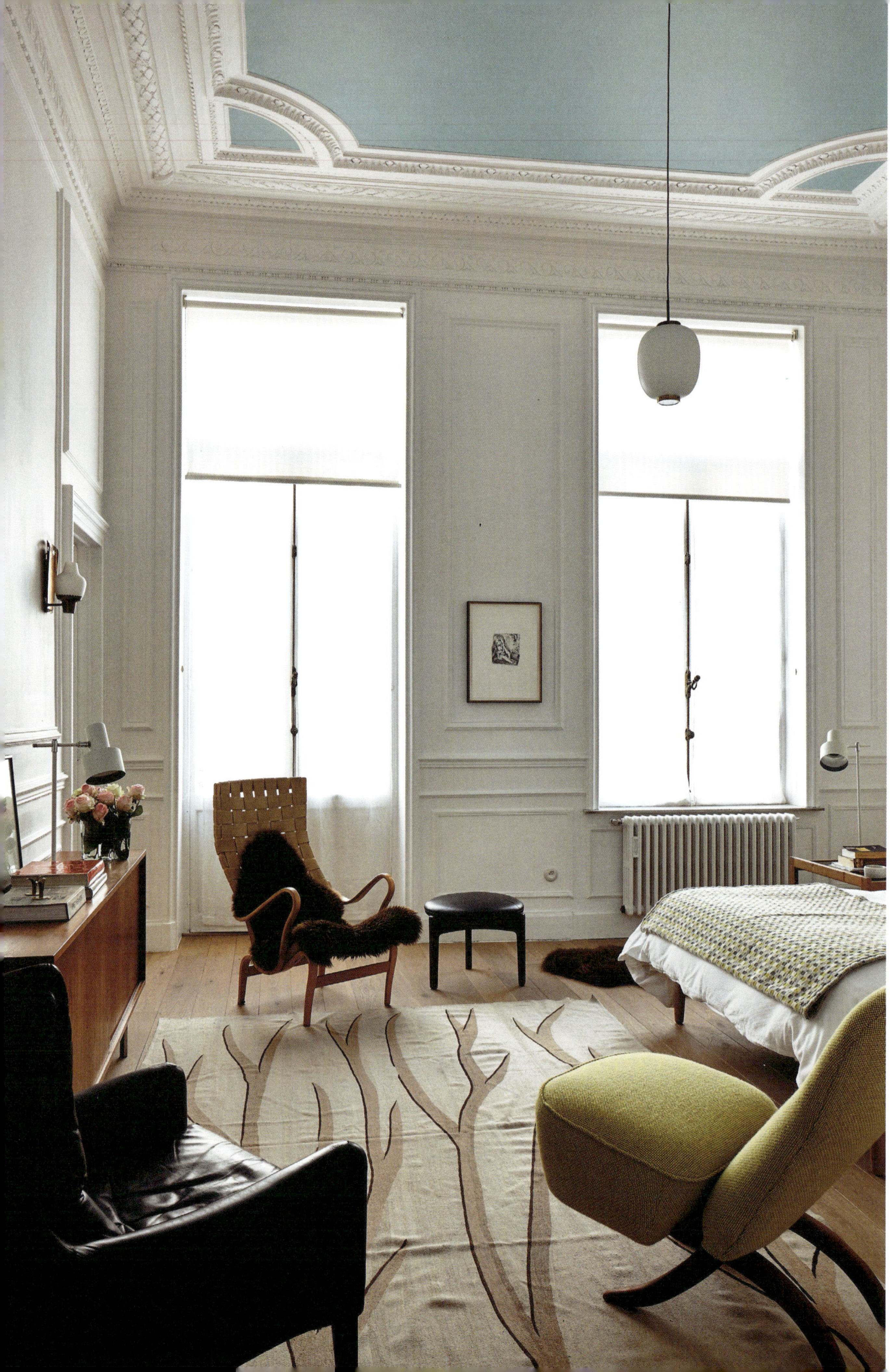

EN
The home is a spacious living area with high ceilings and delicate natural light. It is an ideal exhibit space for all these Northern designs. Among others, a sideboard by David Rosen in a style borrowed from Swedish Grace, the Scandinavian art deco style. There is also a beautiful 1970 sideboard by Tim Bates. Don't miss Carl Malmsten's blue sofa and the Bauhaus seats by Horst Brüning. Kathryn and Ike's highly original selection is of high quality.

NL
Dit huis heeft een riante woonruimte met hoog plafond en een delicate lichtinval. Een ideale expositieplek voor al dit design uit het noorden. We zien onder meer een buffet van David Rosen in een stijl die aanleunt bij de Swedish Grace, de Scandinavische art-decostijl. Er is ook een schitterend buffet uit 1970 van Tim Bates. Let eveneens op de blauwe bank van Carl Malmsten en de Bauhauszetels van Horst Brüning. Kathryn en Ike stellen hoge eisen aan hun hoogst originele selectie.

FR
L'espace vital de la maison est vaste et agréable avec de hauts plafonds et un éclairage délicat. Un lieu d'exposition idéal pour tout ce design venu du nord. On y voit entre autres un buffet de David Rosen dont le style est proche de la Swedish Grace, l'art déco scandinave. Il y a également un magnifique buffet de 1970, de Tim Bates. Observez également le canapé bleu de Carl Malmsten et les fauteuils Bauhaus de Horst Brüning. Kathryn et Ike sont très exigeants quant à leurs choix pour leur collection extrêmement originale.

THiNK ECLECTIC

Lighthouse AMSTERDAM

This house looks like a lighthouse. Not from the outside, of course, because it is simply a tall house in a row, on a corner. However, the many windows and the light that generously flows inside give us this impression. Perhaps it is also because we have torn down almost everything, explains Barbara Iweins. Indeed, it creates a fairly open structure that drives you upward as soon as you enter. She lives on the third floor and has bedrooms above it, as well as a roof terrace from where you can admire the entire city of Amsterdam. Everything revolves around a central staircase that reinforces the lighthouse feel. This staircase also provides a special dynamic to the house and its inhabitants. Since there are barely any doors, you can walk quickly up the stairs; the living spaces are linked together over several floors. This mobile element also appears in the portraits made by Barbara: they are surprisingly lively. As a photographer, she obviously has a great affinity with light. I like baroque, but I end up painting everything white, she says. This has to do with her love of light. The baroque style is also discretely shown in the countless finds that you can see in the interior. Textured walls and floors and a few industrial lamps give the home the look and feel of a studio. I like the contrast, she says, between slick and rough, between dark and bright.

Lighthouse

EN
"Although I like 'baroque', I always come back to 'white'", explains photographer Barbara Iweins. Of course, it greatly depends on the place itself. This tall corner house in Amsterdam is showered with light. Its height makes it a light tower. The interior was not in very good condition and required a thorough renovation. Everything was stripped, but a lot of materials were reused and the rough walls were nicely integrated to emphasize the studio feel. This way, they were able to preserve the soul of this old building.

NL
Ik hou van 'barok' maar keer altijd terug naar 'wit', legt fotografe Barbara Iweins uit. Veel hangt vanzelfsprekend af van de plek zelf. Deze hoge hoekwoning in Amsterdam wordt overgoten van licht. Door de hoogte is het bovendien een soort lichttoren. Het interieur verkeerde in minder goede staat, en diende grondig te worden opgeknapt. Alles werd gestript, maar veel werd opnieuw gebruikt en de ruwe muren werden mooi geïntegreerd om het ateliergevoel te benadrukken. Zo bleef de ziel van het oude pand toch bewaard.

FR
J'aime le « baroque » mais je reviens toujours au « blanc », explique la photographe Barbara Iweins. Tout dépend bien sûr de l'emplacement. Cette haute maison d'angle à Amsterdam est inondée de lumière. De par sa hauteur, on dirait un phare. L'intérieur était en moins bon état et dut être complètement rénové. Tout a été décapé mais il y a eu beaucoup de réemploi et les murs bruts ont été très bien intégrés pour renforcer l'idée d'atelier. L'âme de l'ancienne maison a ainsi été préservée.

NL
Dit huis lijkt op een vuurtoren. Van buiten natuurlijk niet, want het is gewoon een hoog huis in de rij, op een hoek. Maar de talrijke vensters en het licht dat gul naar binnen stroomt, geven ons deze impressie. 'Misschien komt dat ook doordat we hier bijna alles hebben gesloopt', legt Barbara Iweins uit. Daardoor ontstaat er inderdaad een vrij open structuur die je ook bij het betreden meteen naar boven stuwt. Ze woont drie hoog en daarboven zijn er nog slaapkamers en een dakterras vanwaar je heel Amsterdam kunt bewonderen. Alles is ook rond een centrale trap geconcipieerd, wat dat vuurtorengevoel versterkt. Deze trap schenkt de woning en haar bewoners ook een zekere dynamiek. Omdat er amper deuren zijn, loop je al snel de trap op, je leeft hier tegelijk op verschillende verdiepingen. Dat mobiele element verschuilt zich ook in de portretten die Barbara maakt: ze zijn opvallend beweeglijk. Als fotografe heeft ze natuurlijk een extra affiniteit met het licht. 'Ik hou van barok, maar schilder uiteindelijk vrijwel alles wit', zegt ze. Dit heeft met haar hang naar licht te maken. Het barokke zit ook wat verscholen in de talrijke trouvailles die je in dit interieur ziet. Ruwe wanden en vloeren, en enkele industriële lampen geven de woning de sfeer van een atelier. 'Ik hou van contrasten', vertelt ze, 'tussen gaaf en ruw, tussen donker en helder.'

FR
Cette maison fait penser à un phare. Pas de l'extérieur bien sûr puisqu'il s'agit d'une haute maison de rangée située à l'angle d'une rue. Mais les nombreuses fenêtres et la lumière qui s'y engouffre créent cette impression. « C'est peut-être dû au fait que nous avons presque tout abattu », dit Barbara Iweins. Il en résulte une structure ouverte qui dès l'entrée, vous aspire vers le haut. Barbara vit au troisième. Au-dessus, il y a encore des chambres et un toit-terrasse d'où on a une vue imprenable sur Amsterdam. Toute la maison s'articule autour d'un escalier central, ce qui renforce cette impression de phare. Cet escalier confère à la maison et à ses occupants une certaine dynamique. Comme il n'y a que très peu de portes, on est très vite attiré vers l'escalier et on vit simultanément sur plusieurs étages. Les portraits très animés que réalise Barbara, respirent cette même mobilité. En tant que photographe, elle a forcément une forte affinité avec la lumière. « J'aime le baroque mais, en fin de compte, je peins presque tout en blanc », dit-elle. Son rapport à la lumière l'exige. Le baroque réside dans les nombreuses trouvailles qui égayent cet intérieur. Les murs et sols rugueux, ainsi que quelques lampes industrielles confèrent à la maison l'aspect d'un atelier. « J'aime le contraste, entre ce qui est raffiné et grossier, entre la lumière et l'obscurité », précise-t-elle.

Lighthouse

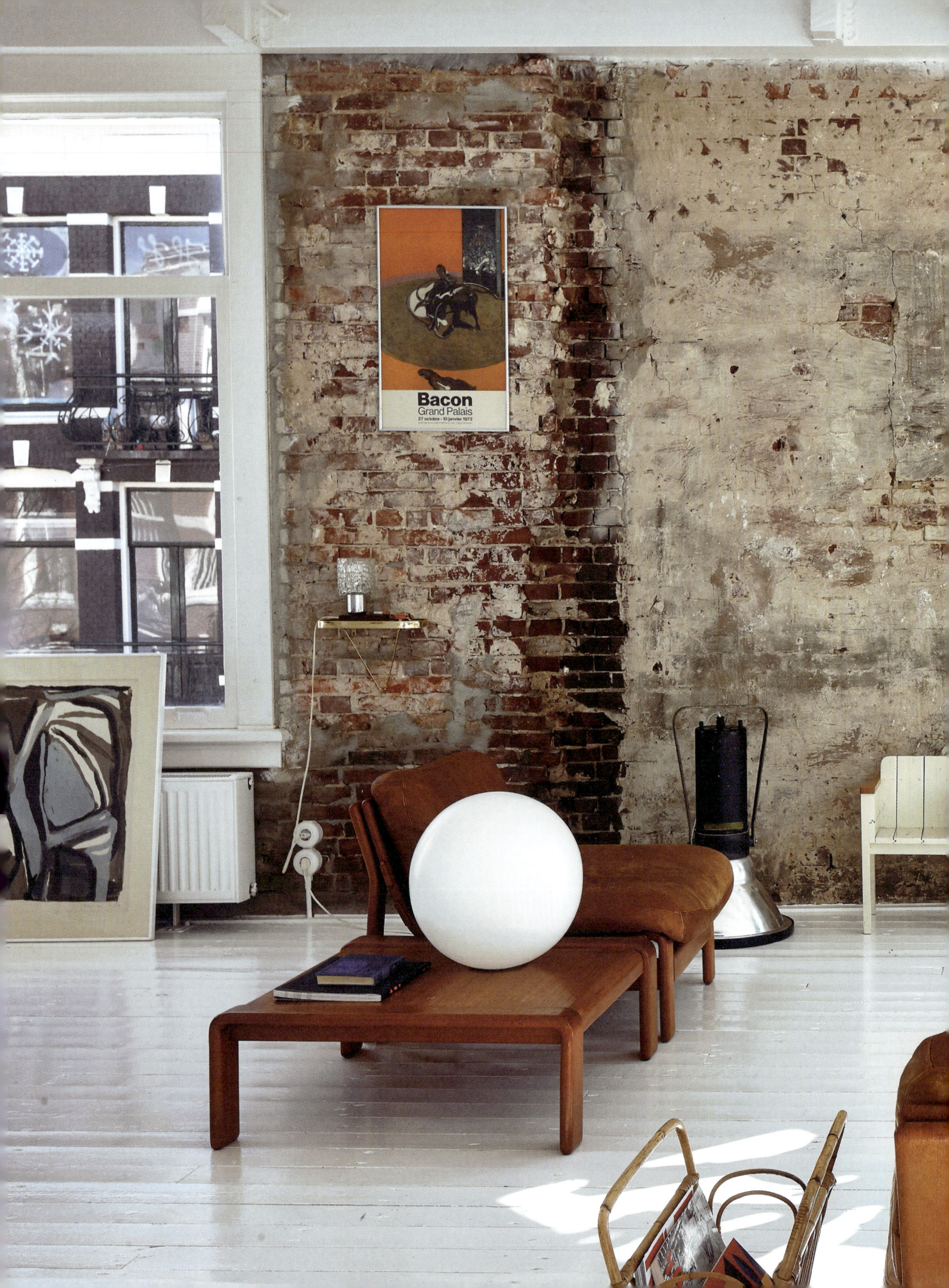
Bacon
Grand Palais
27 octobre - 10 janvier 1972

The Fry Chronicles
Stephen Fry
GREGORY HEISLER 50 PORTRAITS

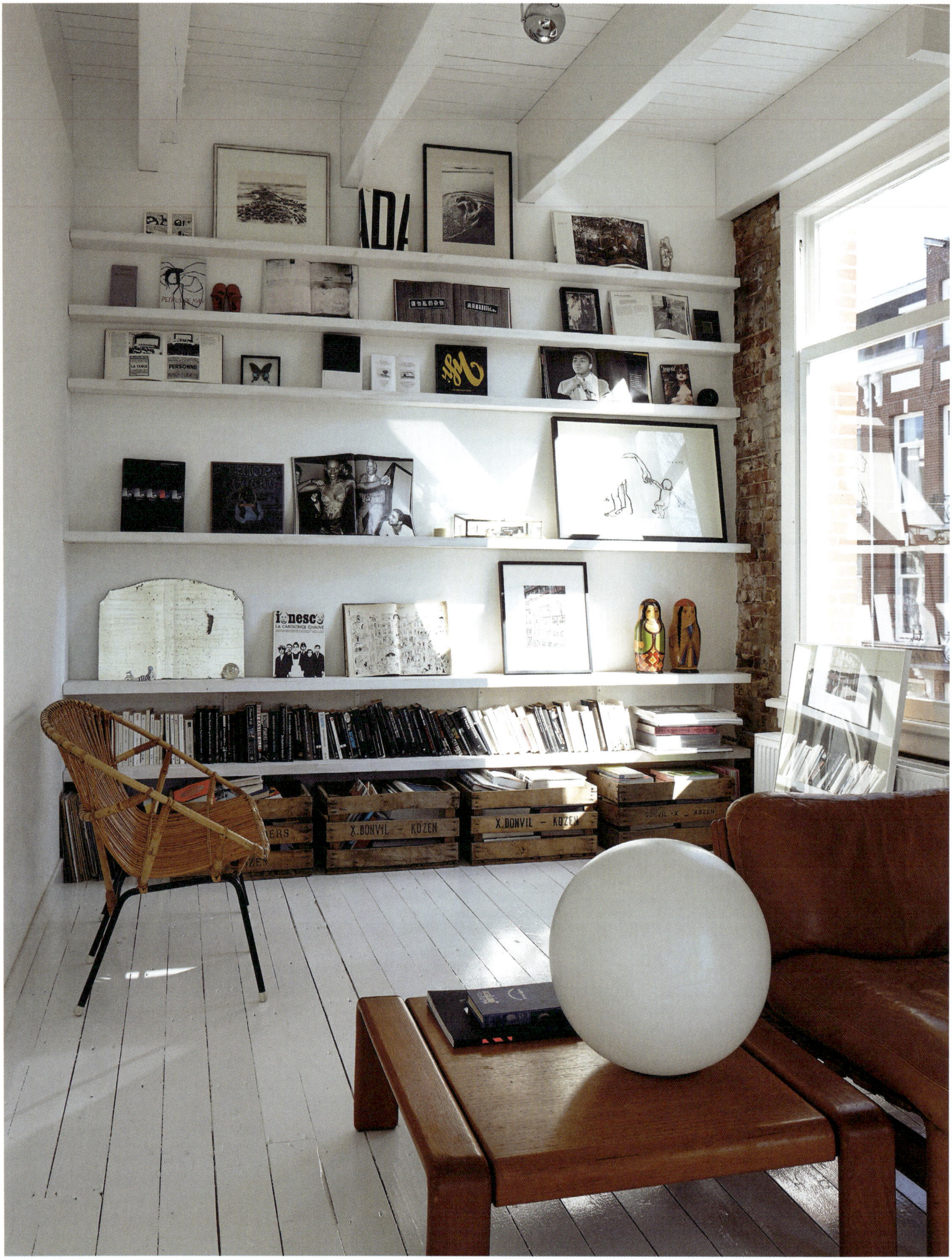
ionesco
LA CANTATRICE CHAUVE
X. BONVIL - KOZEN
X.BONVIL - KOZEN

Lighthouse

EN
To create an open living space, all walls were removed, allowing a free circulation. The staircase winds through the building. The contrast between brown vintage and white background is refreshing. Here and there, industrial design creates a nonchalant note. On the wall, a photograph of Barbara Iweins.

NL
Alle wanden werden weggehaald om een open leefruimte te creëren, waardoor je vrij kunt circuleren. De trap slingert zich door het pand. Het contrast tussen de bruine vintage en de witte fond werkt verfrissend. Hier en daar zorgt wat industrieel design voor een nonchalante noot. Aan de muur hangt een foto van Barbara Iweins.

FR
Pour créer un espace ouvert, tous les murs ont été enlevés pour permettre une libre circulation. L'escalier se tortille à travers la maison. Le contraste entre le vintage brun et le fond blanc a quelque chose de rafraîchissant. De-ci de-là, un peu de design industriel assure une touche de nonchalance. Une photo de Barbara Iweins est accrochée au mur.

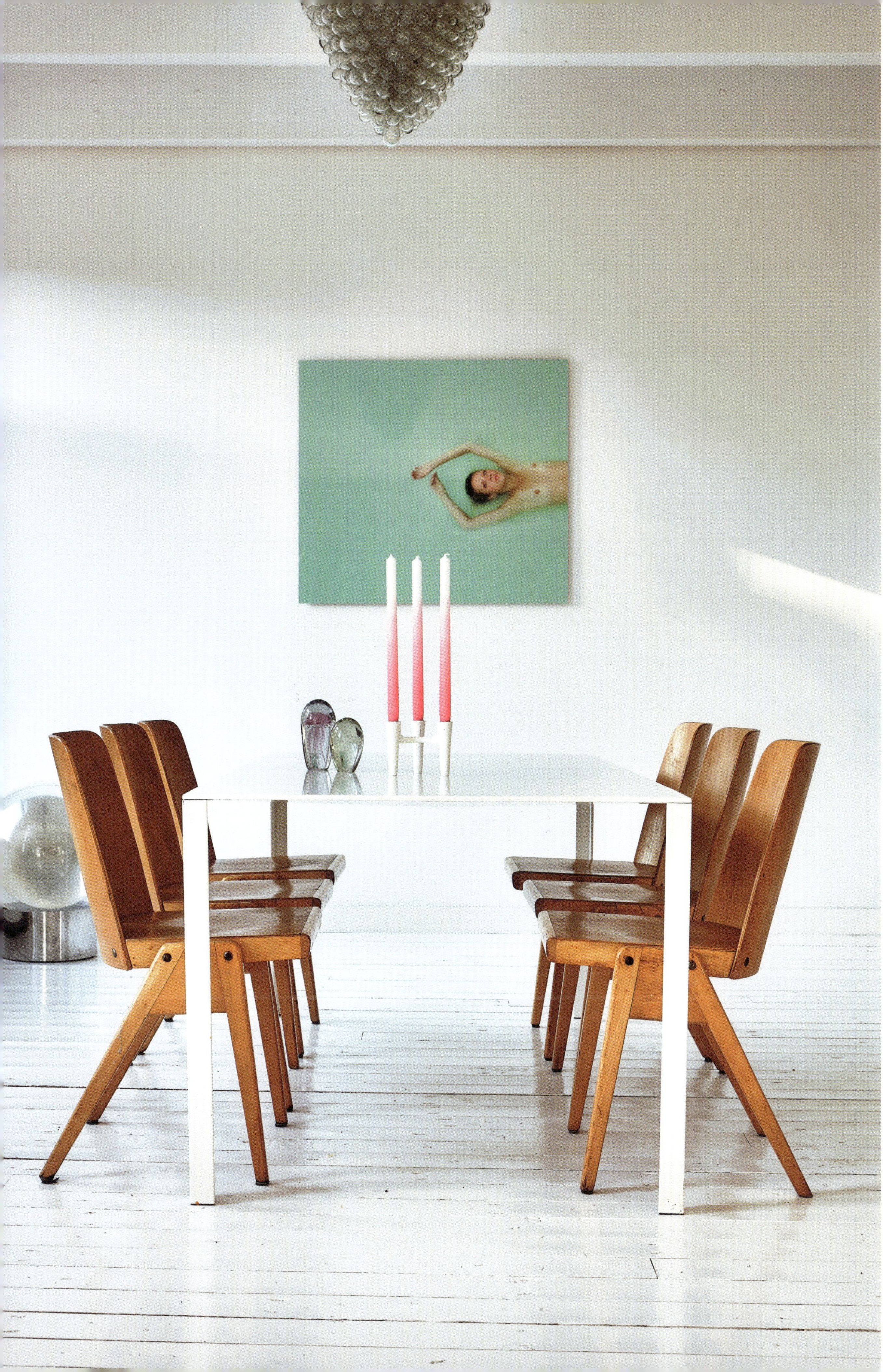

EN
Barbara designed the kitchen herself and had it built with recycled floorboards. She added workshop lamps. The bathroom was also created in this functional style. Here also, the combination of white walls with a lot of wood is the decor theme.

NL
Barbara heeft de keuken zelf ontworpen en laten bouwen met gerecupereerde vloerplanken. Daarboven liet ze atelierlampen hangen. In deze functionele stijl werd ook de badkamer opgevat. Ook hier bepaalt de combinatie van witte wanden met veel hout de sfeer.

FR
Barbara conçut elle-même la cuisine et la fit construire avec des planchers récupérés. Elle y a ajouté des lampes d'atelier. La salle de bains est réalisée dans le même style fonctionnel. Ici aussi, la combinaison de murs blancs et de bois reste le fil conducteur de la décoration.

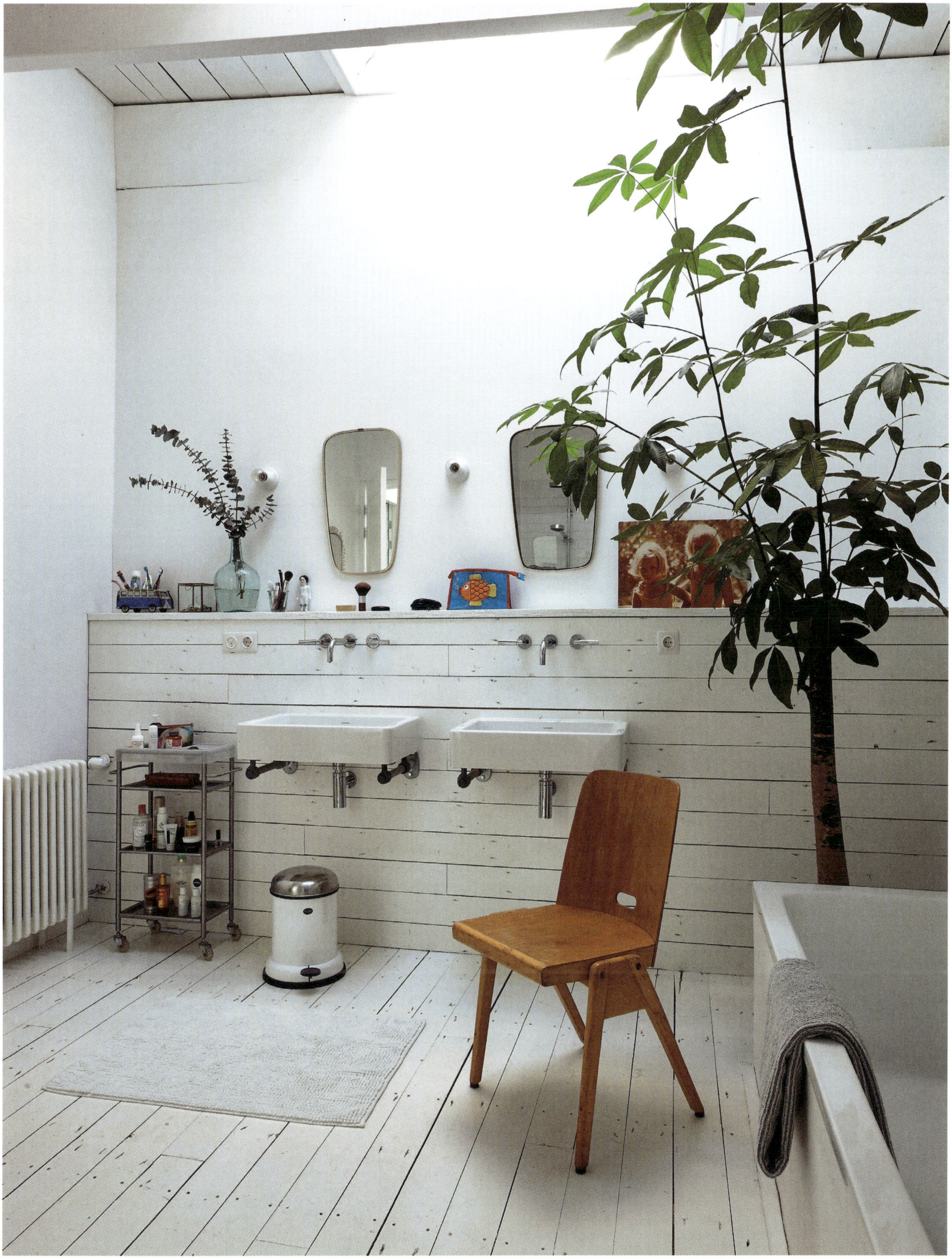

THiNK ECLECTIC

Eccentric Rotterdam   BAROQUE PEARLS

If you like contrasts, you should spend a few days in Rotterdam, the most eccentric of all Dutch cities. Here, contemporary art, design, and architecture are outstanding and a skyline of skyscrapers adds extra dynamism. Rotterdam gives you a boost. However, such contrasts are also hidden in this amazing studio, in a modern block, overlooking a medieval church, one of the few old monuments that survived the devastating bombing during the war. This is where Michael Zomers, who designed the apartment, lives with René Jongeneel. Together, they run *'s Zomers*, a fragrant flower shop in the heart of the city. Structurally, the decor is simple, with a glass box containing the fitted kitchen, bathroom and bedroom. Yet it is refined, with many baroque objects and a few golden accents. Gold is a warm mystery, says René Jongeneel. With a little imagination, you could consider this interior a modern version of the baroque interiors once immortalised on panels by Dutch fine painters. Plus, the light creates additional colour accents and elegant shades, just as in a painting. However, this interior is rather surprising, unusual and mysterious in a contemporary way.

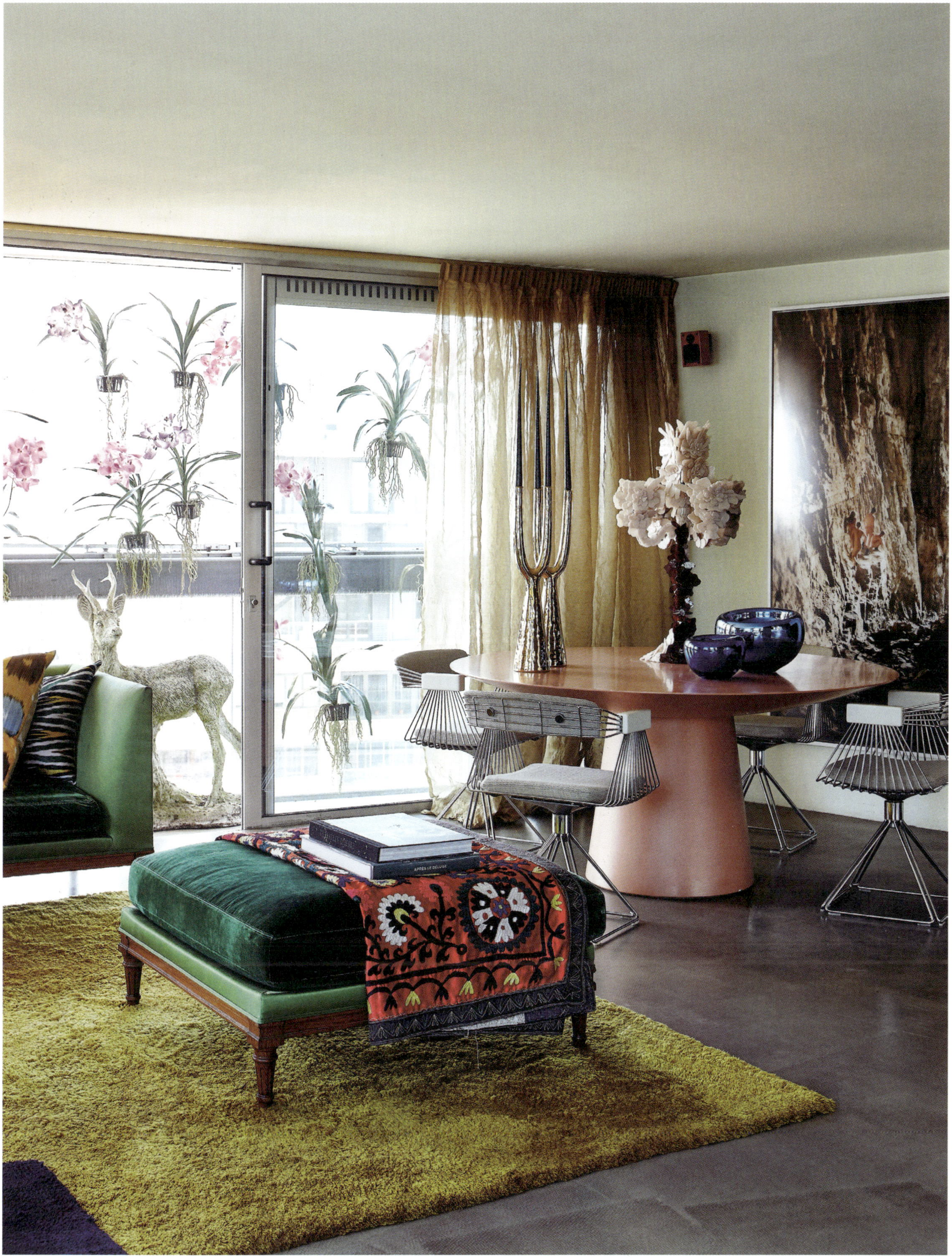

Eccentric Rotterdam

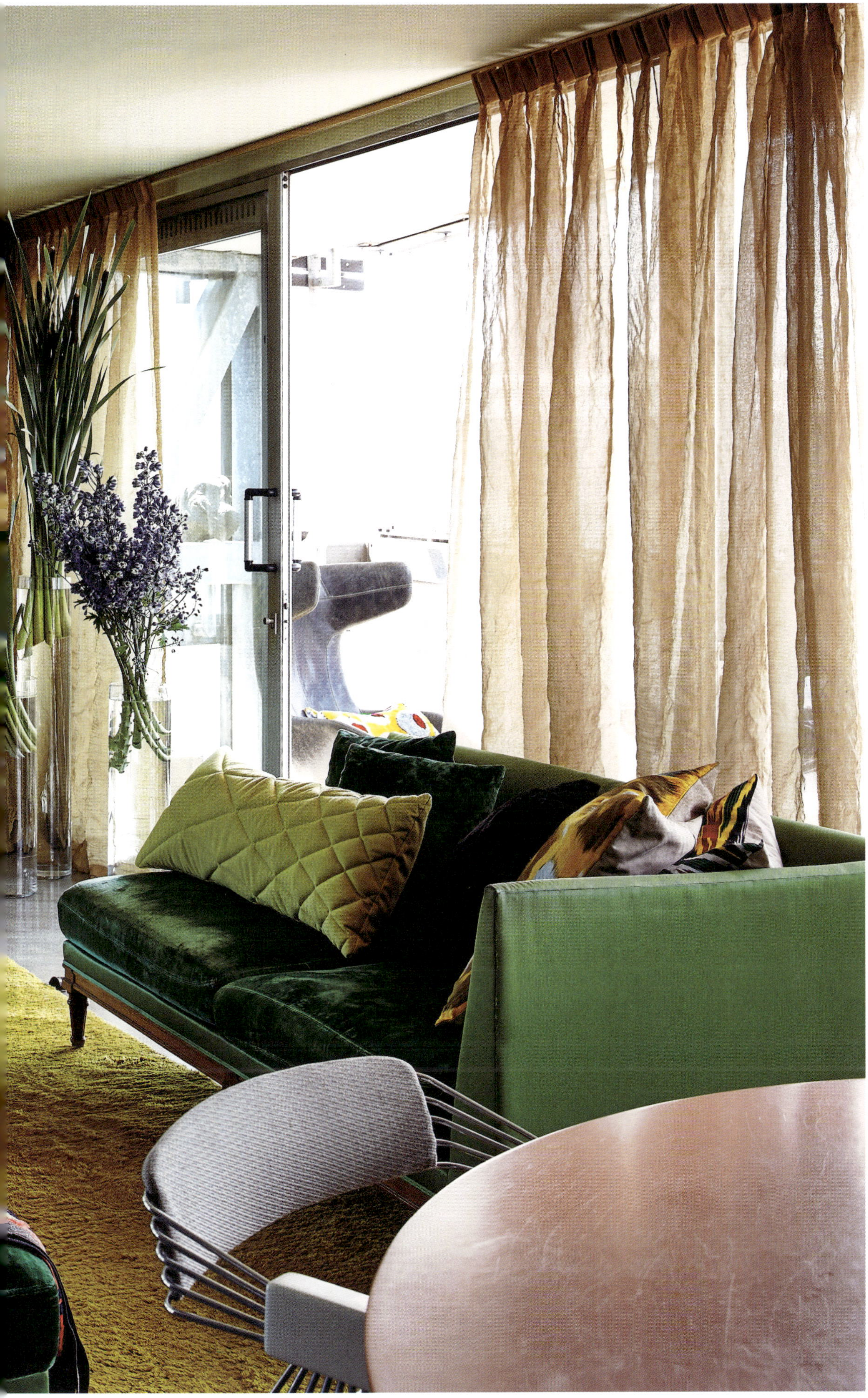

alles Dali
New York Living
international interiors
Atlas van de Hedendaagse
ARCHITECTUUR
DAVID HICKS
MARIO TESTINO

EN

In this interior, we see a contrast between the environment, the heart of Rotterdam, the rigid architecture of the building, and the rather baroque decoration. The cupboards from the 1970s are veneered in coromandel wood. The coffee table with rams' heads was created by Leon François Chervet and the chairs around the table, also from the 1970s, were designed by Belgian Rudi Verelst for Novalux.

NL

In dit interieur gaat het om het contrast tussen de omgeving – hartje Rotterdam – de strakke architectuur van het gebouw én de vrij barokke aankleding. De barkastjes uit de jaren 1970 zijn beplakt met coromandelfineer. De salontafel met ramskoppen is een creatie van Leon François Chervet en de stoelen rond de tafel – eveneens seventies – werden ontworpen door de Belg Rudi Verelst voor Novalux.

FR

Dans cet intérieur, on notera le contraste entre l'environnement, nous sommes au cœur de Rotterdam, l'architecture austère du bâtiment et la décoration plutôt baroque. Les bars des années 1970 ont été recouverts de placage de Coromandel. La table du salon aux têtes de bélier est une création de Léon François Chervet et les chaises autour de la table – des seventies encore – ont été conçues par le Belge Rudi Verelst pour Novalux.

NL

Wie van contrasten houdt, moet een paar dagen naar Rotterdam, de meest excentrieke onder de Nederlandse steden. Een plek waar hedendaagse kunst, design en architectuur hoge toppen scheren en de skyline vol skyscrapers voor extra dynamiek zorgt. Rotterdam geeft je een kick. Maar die contrasten verschuilen zich ook in deze bijzondere flat, in een hedendaags gebouw, met zicht op een middeleeuwse kerk, een van de weinige oude monumenten die ontsnapten aan de verwoestende oorlogsbombardementen. Hier woont Michael Zomers die de flat inrichtte met René Jongeneel. Samen runnen ze 's Zomers, een smaakmakende bloemenzaak in het hart van de stad. Qua structuur is de inrichting eenvoudig, met een glazen doos waarin zich de inbouwkeuken, badkamer en slaapkamer bevinden. Maar het decor is geraffineerd, met veel barokke objecten en een toets goud. Goud is een warm mysterie, stelt René Jongeneel. Met wat verbeelding kun je dit interieur beschouwen als een hedendaagse versie van de barokinterieurs die destijds op paneel werden vereeuwigd door Nederlandse fijnschilders. Net zoals op een schilderij zorgt het licht voor extra kleuraccenten en elegante schaduwen. Toch is dit interieur eerder verrassend, ongewoon en op contemporaine wijze mysterieus.

FR

Si vous aimez les contrastes, vous devez vous rendre quelques jours à Rotterdam, la plus excentrique de toutes les villes néerlandaises. Un endroit où l'art contemporain, le design et l'architecture atteignent des sommets et où le panorama urbain peuplé de gratte-ciel ajoute à son dynamisme. Rotterdam donne un coup de fouet. Les contrastes sont aussi les maîtres mots dans cet appartement particulier, dans un quartier moderne, avec vue sur une église médiévale, l'un des rares monuments anciens à avoir échappé aux bombardements durant la guerre. C'est ici qu'habite Michael Zomers qui a aménagé l'appartement avec René Jongeneel. À eux deux, ils gèrent *'s Zomers*, un commerce de fleurs de très bon goût dans le centre-ville. En ce qui concerne la structure, l'agencement est simple : une boîte de verre dans laquelle se situent la cuisine encastrée, la salle de bains et la chambre à coucher. Mais la décoration est raffinée avec de nombreux objets baroques et quelques ors. « L'or est mystérieux et chaleureux », nous confie René Jongeneel. Avec un peu d'imagination, on peut considérer cet intérieur comme une version contemporaine des intérieurs baroques que les *fijnschilders* ou peintres précieux néerlandais de jadis peignaient sur des panneaux. La lumière accentue les couleurs et crée des ombres élégantes, comme sur ces peintures. Cet intérieur demeure toutefois surprenant, insolite et mystérieux.

EN
The basis of the apartment was designed as a loft with minimal walls, barely any doors, and a concrete floor. This sharp frame enhances the baroque decor with stuffed animals and unique objects and furniture.

NL
De basis van de flat werd opgevat als een loft, met een minimum aan wanden, bijna geen deuren en een betonnen vloer. Dit strakke kader versterkt de barokke decoratie met opgezette dieren en bijzondere objecten en meubels.

FR
L'appartement a été conçu comme un loft, avec un minimum de murs et de portes et un sol en béton. Le cadre austère met en exergue la décoration baroque avec des animaux naturalisés et des objets et meubles particuliers.

Eccentric Rotterdam

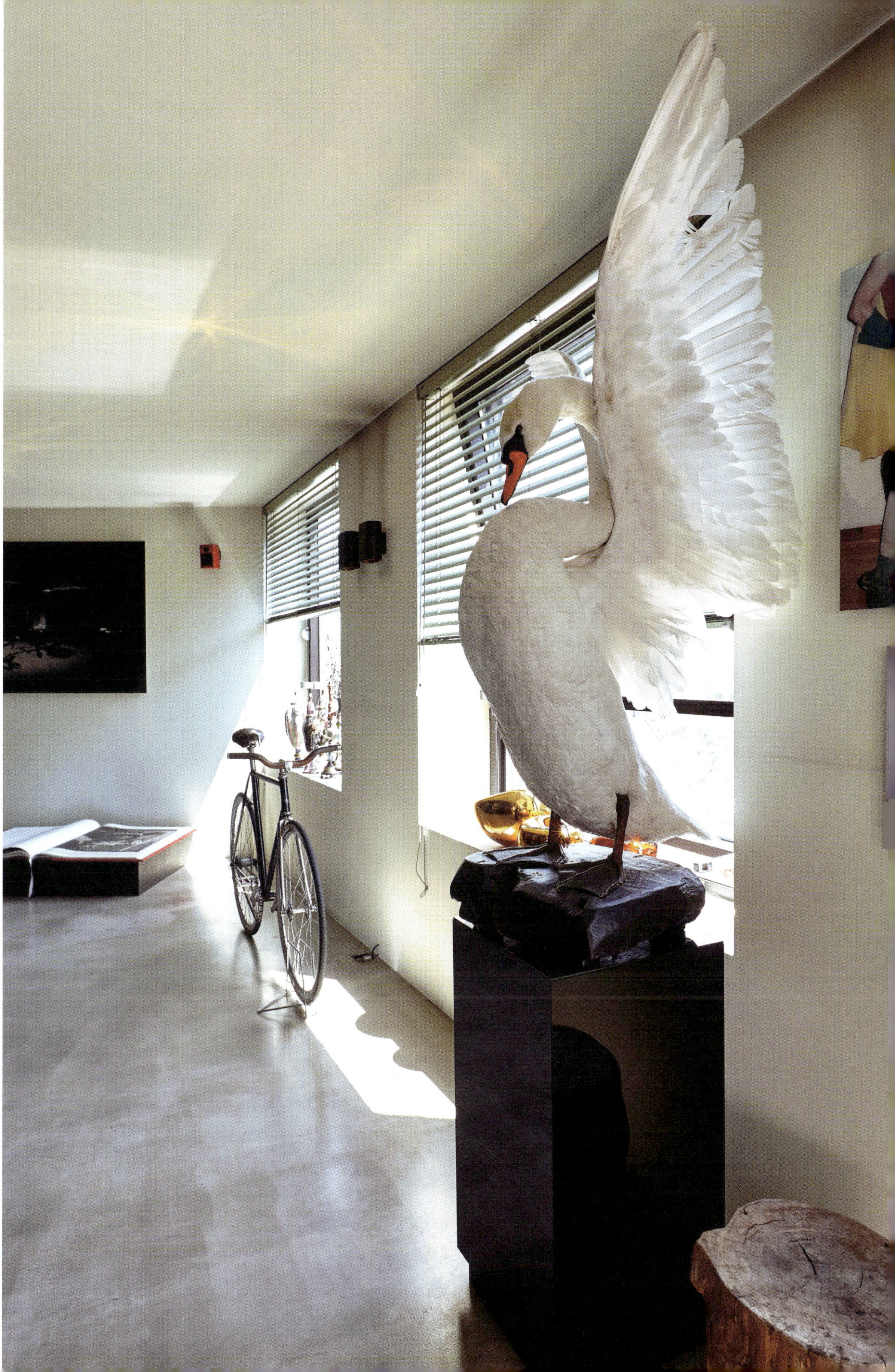

THiNK ECLECTIC

Interbellum

BRICKS & CLAY

In our opinion this small holiday home offers a gold mine of surprises. It looks like a periscope with mirrors to look around. The small house is simple and yet complex. It is where Belgian avant-garde architect Bart Lens and his girlfriend Bieke come to relax on weekends. Bart has intentionally preserved the original architecture, which is not obvious for a contemporary architect. The house is located in Nieuwpoort, a coastal town rebuilt in Flemish neo-renaissance style after World War I. This is not modern architecture, but a style inspired by local brick tradition: it has character, a sense of security and harmony. Precisely because many of those buildings are now replaced with uninspired condominiums, the renovation of this small property is a statement to Bart Lens. He wants to demonstrate how easily this old architecture can feel at home in a more modern style expression. He gutted the interior and reused a lot of bricks so as to preserve the connection with local architecture and also give the interior this touch of raw rusticity which actually makes it modern. Take a look at the homemade taps, the unique bathtub and the bedroom mounted in a cage of perforated steel. All this is simply eclectic and full of original solutions: highly inspiring.

Interbellum

Interbellum

NL Deze kleine vakantiewoning heeft voor ons een schat aan verrassingen in petto. Het lijkt een periscoop waar je met spiegels doorheen kijkt. Het pandje is eenvoudig en tegelijk complex. Dit is de plek waar de bekende Belgische avant-gardearchitect Bart Lens met zijn vriendin Bieke in het weekend tot rust komt. Bart heeft de originele architectuur bewust bewaard, niet vanzelfsprekend voor een hedendaags architect. Het pand ligt in Nieuwpoort, een kuststadje dat na de Eerste Wereldoorlog werd heropgebouwd in Vlaamse neorenaissancestijl. Geen vooruitstrevende architectuur, maar wel een op de lokale baksteentraditie geïnspireerde stijl met karakter, gevoel voor geborgenheid en harmonie. Precies omdat veel van dit soort gebouwen nu moeten plaatsruimen voor banale flatgebouwen, is de herinrichting van dit kleine pand voor Bart Lens een statement. Hij wil bewijzen hoe makkelijk deze oude architectuur zich in een meer hedendaagse vormentaal thuis voelt. Hij trok het interieur open tot aan de nok en hergebruikte heel veel baksteen, om de band met de streekarchitectuur niet te verliezen en ook om het interieur dat tikje ruwe landelijkheid te geven die het net hedendaags maakt. Kijk ook naar de in elkaar geknutselde kranen, de unieke badkuip en de in een kooi van geperforeerd staal gevatte slaapkamer. Dit alles is ongewoon eclectisch en zit vol originele oplossingen: hoogst inspirerend.

FR Cette petite maison de vacances nous réserve un trésor de surprises. On croirait regarder à travers les miroirs d'un périscope. La demeure est simple et complexe à la fois. C'est l'endroit où le célèbre architecte d'avant-garde belge, Bert Lens, vient se reposer avec son amie Bieke le week-end. Bart a sciemment préservé l'architecture d'origine, ce qui n'est pas courant pour un architecte contemporain. L'habitation est située à Nieuport, une petite ville côtière qui fut reconstruite en style néo-Renaissance flamand après la Première Guerre mondiale. Il ne s'agissait pas d'une architecture progressiste mais d'une architecture de caractère, intimiste et harmonieuse en briques traditionnelles. Parce que ces maisons cèdent aujourd'hui la place à des immeubles d'une grande banalité, Bart Lens estime qu'il est de son devoir de réaménager cette maisonnette. Il veut prouver qu'il est facile d'intégrer harmonieusement cette architecture ancienne dans un environnement plus contemporain. Il a ouvert l'intérieur jusque dans le faîte, a réutilisé beaucoup de briques pour préserver le lien avec l'architecture régionale, mais aussi pour donner à l'intérieur cette rusticité qui le rend précisément contemporain. À noter également le montage des robinets, la baignoire peu banale et la chambre à coucher aménagée dans une cage d'acier perforé. Tout cela est d'un éclectisme inhabituel qui regorge de solutions originales témoignant d'une grande créativité.

EN
Half floors enhance the verticality of the structure of this building. This enables the visitor to admire the façade from the inside, which is architecturally powerful. The architect advocates the use of regional materials such as brick, even for the staircase.

NL
De uitgesproken verticale structuur van dit pand werd versterkt door het wegbreken van sommige niveaus. Daardoor kun je de voorgevel van binnenuit bewonderen, wat architecturaal extra sterk is. De architect pleit voor het gebruik van regionale materialen, zoals baksteen, ook voor de bouw van de trap.

FR
La structure manifestement verticale de cette maison a été renforcée par la suppression de certains niveaux. Vous pouvez ainsi admirer la façade de l'intérieur, ce qui est d'une forte teneur architecturale. L'architecte plaide pour l'utilisation de matériaux régionaux tels que la brique, même pour l'escalier.

Interbellum

EN
Brick and raw boards increase the perception. Most materials were recycled on the spot. The rough ceiling and floors provide a sense of security and make the place a true vacation home. The symbiosis of design of rustic furniture is invigorating.

NL
Bakstenen en ruwe planken verhogen de belevingswaarde. Veel van het materiaal werd ter plaatse gerecupereerd. De ruwe zoldering en vloeren zorgen voor geborgenheid en maken er een echte vakantiewoning van. De symbiose van design met landelijk meubilair werkt verkwikkend.

FR
La brique et les planches brutes intensifient le vécu spatial. Beaucoup de matériaux ont été récupérés sur place. Le plafond et les sols bruts assurent une certaine sécurité et en font une véritable résidence de vacances. La symbiose entre le design et le mobilier rustique a un effet revigorant.

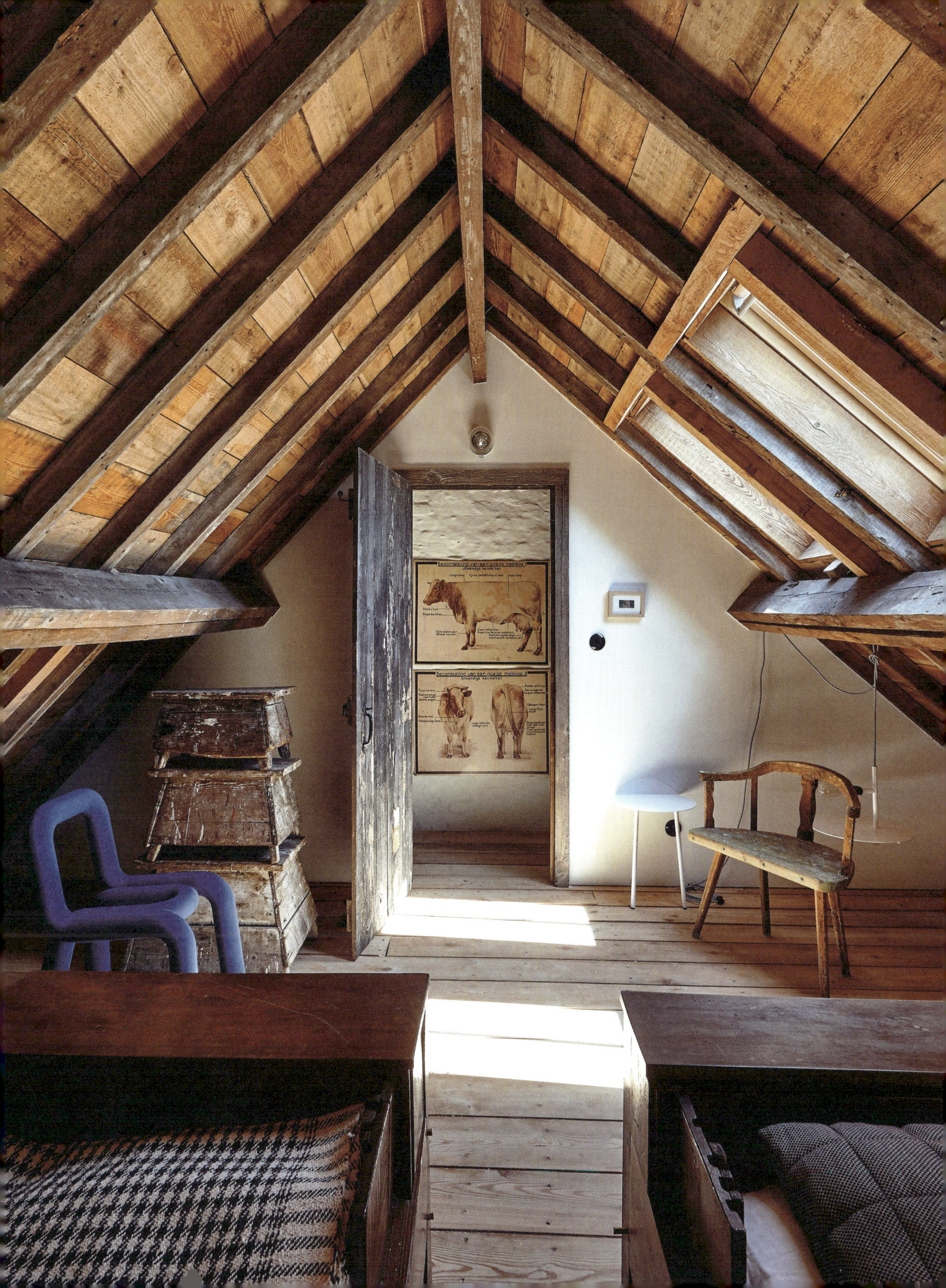

EN
Before being destroyed during World War I, Nieuwpoort was a medieval town with many small houses. This building is a post-war construction with a medieval feel. Architect Lens finds this reconstruction architecture fascinating and challenging for new creations.

NL
Nieuwpoort was een vrij middeleeuwse stad met talrijke kleine woningen, tot het door het oorlogsgeweld van de Eerste Wereldoorlog werd verwoest. Dit pand is een naoorlogse reconstructie met een middeleeuwse ziel. Architect Lens vindt deze heropbouwarchitectuur fascinerend en een uitdaging voor nieuwe creaties.

FR
Jusqu'aux destructions de la Première Guerre mondiale, Nieuport était une cité de type médiéval avec de nombreuses petites maisons. Cette habitation est une reconstruction de l'après-guerre avec une âme moyenâgeuse. L'architecte Lens trouve cette architecture de réhabilitation fascinante, incitant à de nouvelles créations.

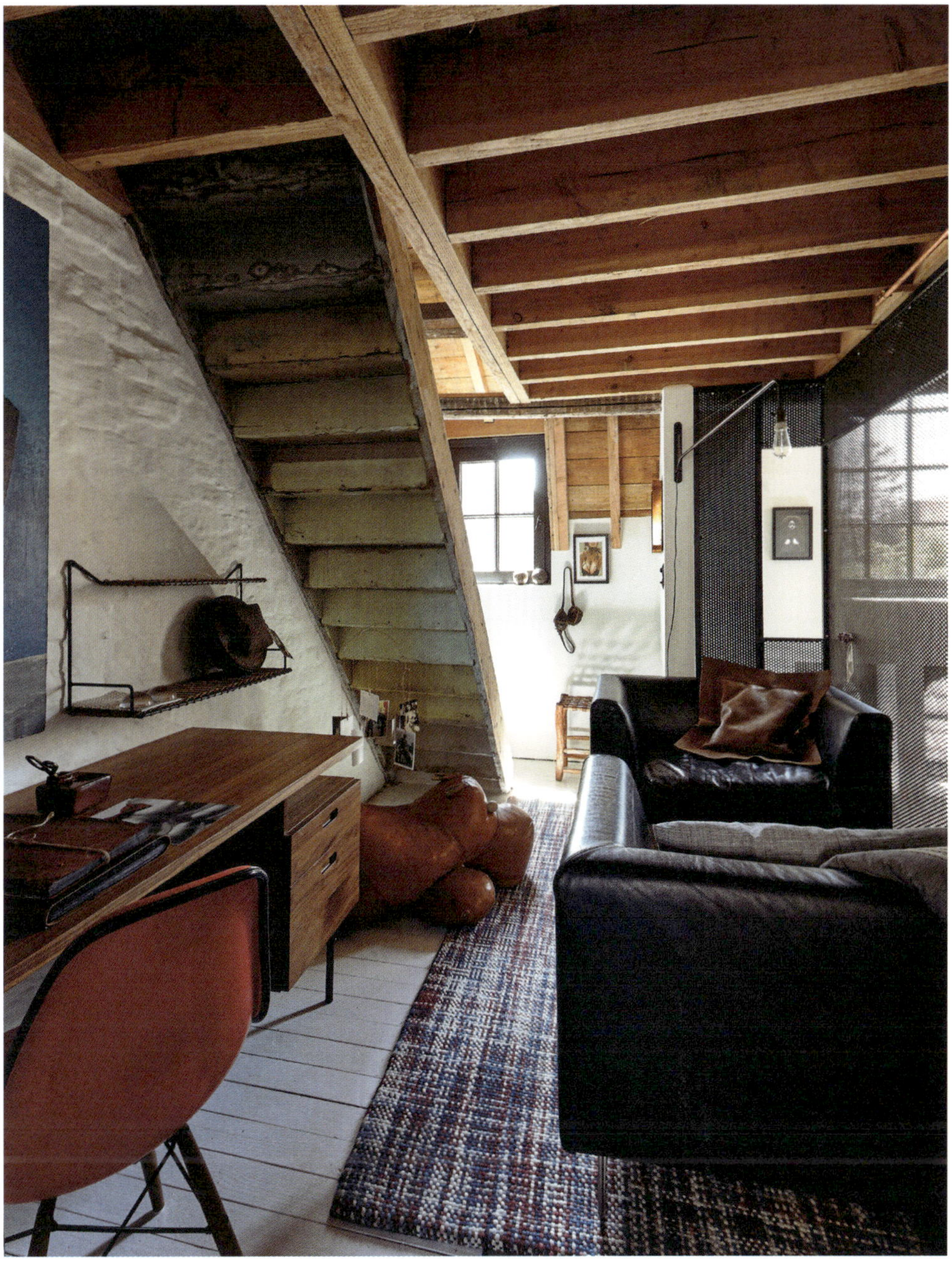

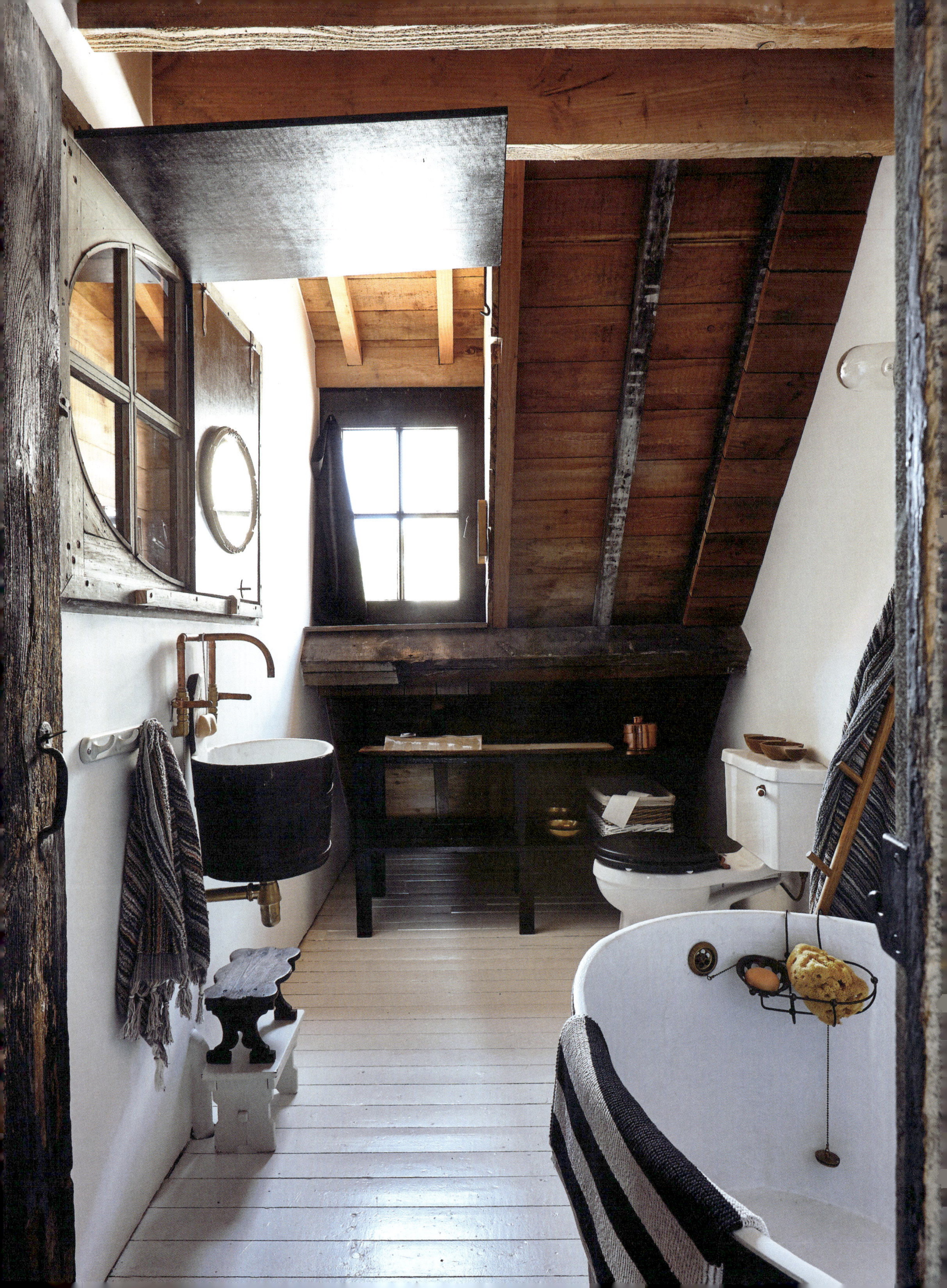

EN
Just perfect: the bathroom unit with two wooden barrels: one for the bath and one as sink. This is quite an ingenious solution. Details like the faucets are of curious workmanship. White floors make everything look fresh.

NL
Helemaal onder de pannen: de natte cel met twee houten tonnen, eentje voor het bad en eentje als wastafel. Dat is best een vindingrijke oplossing. Ook de details, zoals de kranen, zijn van een vernuftige makelij. Door de witte vloer oogt alles heerlijk fris.

FR
Sous les combles : la salle d'eau avec deux tonneaux en bois, l'un pour la baignoire et l'autre comme lavabo. Solution inventive ! Tous les détails, les robinets par exemple, sont de conception ingénieuse. Grâce au sol blanc, tout respire la fraîcheur.

THiNK ECLECTIC

Rug-mania TROUVAILLES

To give her flat extra oxygen, light, and space, interior designer Kim Verbist got rid of all doors except the front door. And some walls had to go as well. The result is a pleasant home with deep perspectives. Wall colours divide the space. Here and there, a pocket door with beautiful brass knobs allows for needed privacy. However, everything can be open. For a long time, Kim Verbist had only decorated hotels; but she now focuses on homes. Over the years, she has collected things with the greatest freedom possible. The result of this passion for collecting is a particularly playful, relaxed and somewhat nonchalant interior. The many discoveries make it quite artistic. On the floor, beautiful antique rugs that she brought back from everywhere. In the kitchen, there is even a porcelain parrot. She is not afraid of a little conflict; she likes it somewhat busy and finds it exciting to keep creating new moods in her own apartment. The abundant greenery that radiates from outside gives the place a little bit of jungle fever. Also, the concrete ceiling could be a nod to the brutality of modern Brazilian architecture. Indeed, the building housing the apartment in Brussels dates back to 1970, when concrete was very popular. This flat exudes a wonderful exotic ambiance that instantly has a relaxing effect.

Rug-mania

EN
A few interior walls were removed from this spacious apartment to widen the feeling of space. The concrete ceiling is another wink at the brutality of the Seventies' architecture. Indeed, the building dates from that time. Kim Verbiest decorated her apartment in the relaxed style of the hippie Seventies.

NL
Van deze ruime flat werden enkele binnenwandjes verwijderd om het ruimtegevoel nog te vergroten. Het vrijgemaakte betonnen plafond is een knipoog naar het brutalisme in de architectuur van de jaren 1970. Het gebouw stamt trouwens uit die tijd. Kim Verbiest decoreerde haar flat met de nonchalance van de hippe seventies.

FR
Dans ce vaste appartement, quelques parois intérieures ont été supprimées pour intensifier la sensation d'espace. Le plafond en béton est un clin d'œil au brutalisme de l'architecture des années 1970. Le bâtiment date d'ailleurs de cette époque. Kim Verbist a décoré son appartement avec la nonchalance hippie des années 1970.

NL
Om haar flat extra zuurstof, ruimte en licht te schenken gooide interieurarchitect Kim Verbist er alle deuren uit, behalve de voordeur. Ook heel wat muren moesten eraan geloven. Het resultaat is een heerlijke woonruimte met diepe perspectieven. De kleuren op de wanden delen de ruimte in. Hier en daar zorgt een schuifdeur met een mooie koperen greep voor de afsluiting. Maar alles kan open. Kim Verbist richtte lange tijd enkel hotels in, maar legt zich nu ook toe op woningen. Ondertussen heeft ze jaren in de grootst mogelijke vrijheid verzameld. Het resultaat van deze verzamelwoede is een bijzonder speels, ontspannen en ietwat nonchalant interieur. Door de vele vondsten is het behoorlijk artistiek. Op de grond liggen prachtige antieke karpetten die ze van overal heeft meegebracht. In de keuken ontdek je zelfs een porseleinen papegaai. Ze is niet bang voor onrust, houdt wel van wat drukte en vindt het boeiend om in haar eigen appartement steeds nieuwe indrukken op te doen. Door de groene omgeving buiten die het interieur via de ramen binnendringt ervaar je een beetje jungle fever. En het betonnen plafond lijkt wel een knipoog naar het brutalisme van de moderne Braziliaanse architectuur. Het gebouw waarin deze Brusselse flat is gehuisvest stamt trouwens uit 1970, toen beton heel populair was. Deze flat ademt een vrij exotische sfeer uit die je meteen ontspant.

FR Afin de procurer un supplément d'oxygène, d'espace et de lumière à son appartement, l'architecte d'intérieur Kim Verbist a supprimé toutes les portes, à l'exception de la porte d'entrée, ainsi que de nombreux murs. Elle obtient ainsi un espace de vie chaleureux offrant des perspectives profondes. Les couleurs des murs divisent l'espace. De-ci de-là, une porte coulissante à belle poignée cuivrée permet de cloisonner l'espace. Mais tout peut s'ouvrir. Pendant tout un temps, Kim Verbist a aménagé des hôtels, mais aujourd'hui, elle agence également des maisons. Des années durant, elle a collectionné sans modération. De cette passion résulte un intérieur plein de fantaisie, de décontraction, voire de nonchalance. Grâce aux nombreuses trouvailles, l'ensemble a un caractère artistique. De magnifiques tapis anciens qu'elle a trouvés un peu partout habillent le sol. Dans la cuisine trône même un perroquet en porcelaine. Elle ne craint pas le désordre, elle aime l'animation et se plaît à créer sans cesse de nouvelles impressions dans son appartement. L'abondance de verdure à l'extérieur trouve son écho à l'intérieur où l'ambiance évoque celle de la jungle. Le plafond en béton est un clin d'œil au brutalisme de l'architecture brésilienne moderne. Cet appartement est situé dans un immeuble qui date d'ailleurs de 1970 lorsque le béton était très populaire. Il y règne une atmosphère exotique qui détend aussitôt.

EN
The transparency throughout the entire living space (next page) is downright impressive. Mirrors around the fireplace allow the small park inside. The bedroom is a boudoir salon of Fifties' inspiration. Here also, golden and copper touches give a festive touch and a feeling of security.

NL
Het doorzicht over de gehele woonruimte (volgende pagina) is ronduit indrukwekkend. De spiegels rond de schouw laten het parkje voor de deur even binnenglippen. De slaapkamer is geïnspireerd op een boudoirsalon van de fifties. Ook hier zorgen gouden en koperen accenten voor een feestelijk tintje en wat geborgenheid.

FR
Cette vue qui englobe tout l'espace vital (page suivante) est franchement impressionnante. Les miroirs placés autour de la cheminée intègrent le petit parc de devant. La chambre à coucher avec boudoir trouve son inspiration dans les fifties. Ici aussi, les accents dorés et cuivrés garantissent une touche festive et un sentiment de sécurité.

Rug-mania

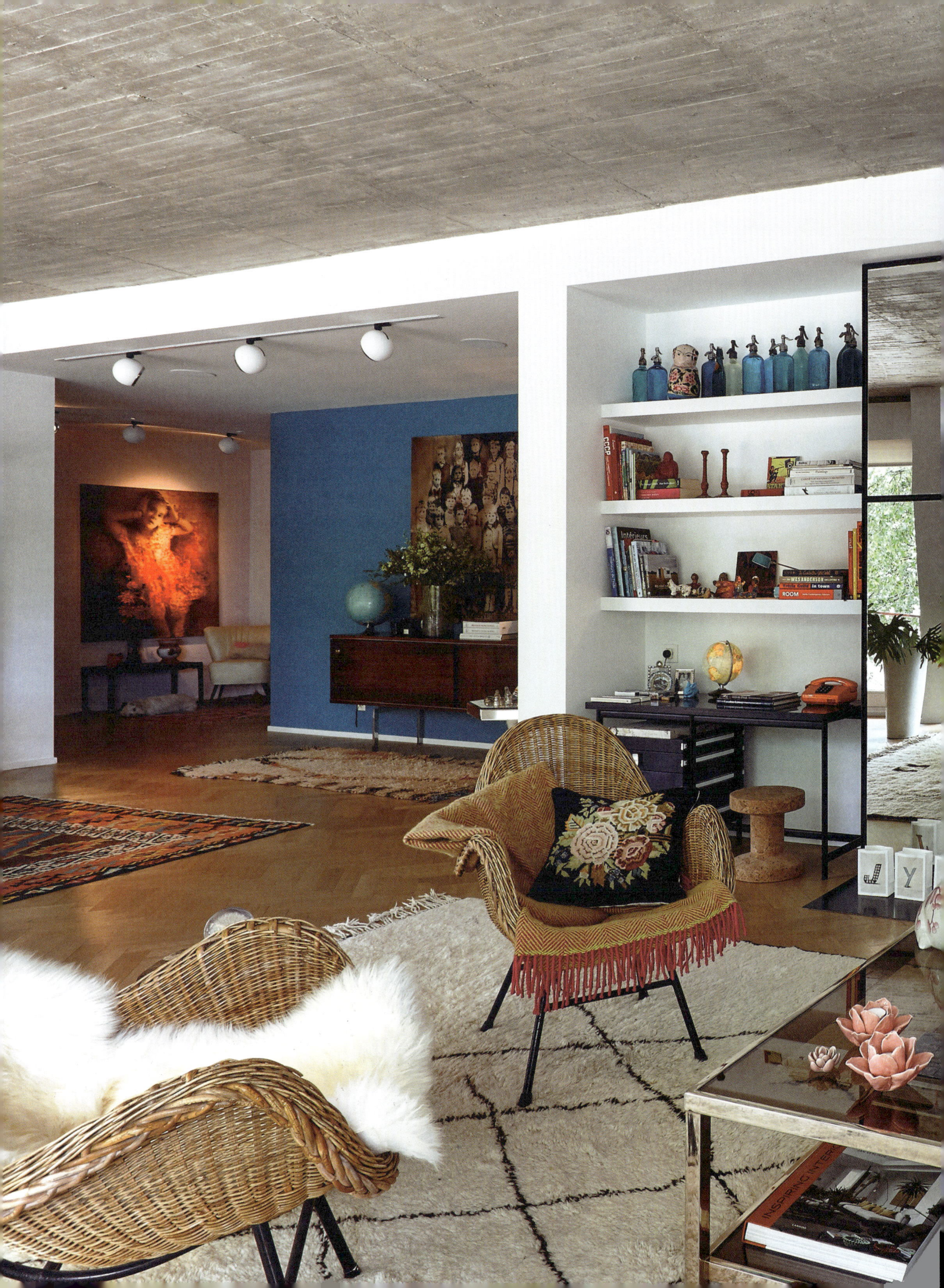

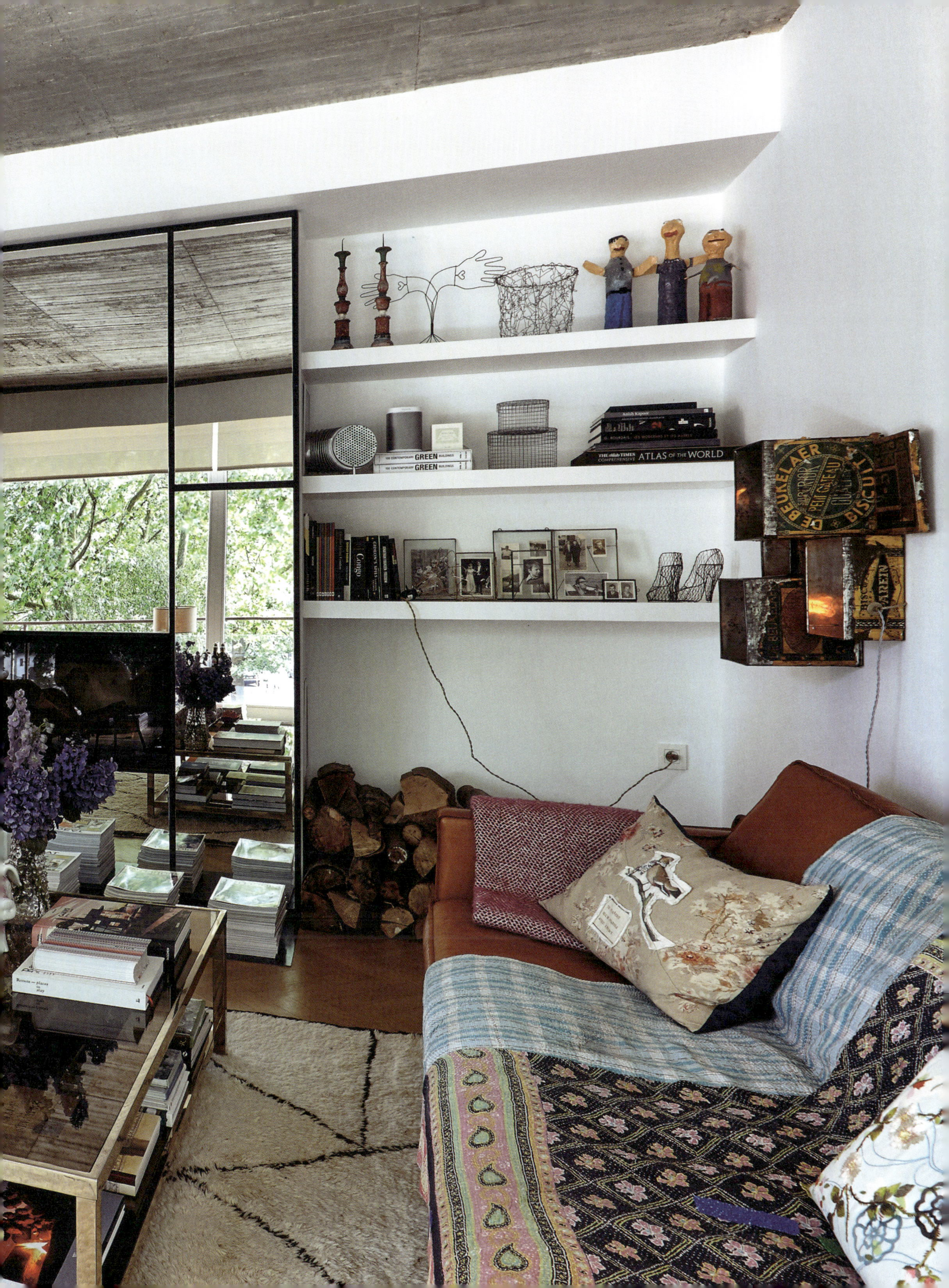
GREEN
GREEN
ATLAS OF THE WORLD
DE BEUKELAER
BISCUIT

THiNK ECLECTIC

Orange fever   JUNGLE LOFT

Tall jungle trees feature inside Raf Verwimp's home. And between them there is a lot to see, since Raf likes a full, baroque interior. This home looks so much like a jungle hut, you might even see parrots flying around. But you are here, in Lier, a historic town near Antwerp. Raf Verwimp not only works as a florist; he also creates objects in glass, ceramics and wood for the Dutch company Des Pots. He also works on his own and is fascinated by his eclectic interior decor. Anyone who is creative should not study too much: one should act instead. He is ubiquitous, curious and he always discovers something. He loves browsing the Brussels flea market or Antwerp's Kloosterstraat. This jungle loft is located in an old school building. He added tall windows to bring in plenty of light. His interior decoration style is very colourful; orange is his favourite hue. "I am not a fan of rigid interiors," Raf explains. "For me, they are too rational; I love an emotional interior where you can immediately exhibit your discoveries. That is also how I make my flower arrangements: quick, spontaneous, without thinking too much; following my feelings." Yet, he arranged his home in a very functional way, with a nice mezzanine sleeping area, a small sitting area and a bathroom unit. From there, he enjoys the spacious view inside, and the old church beyond the door.

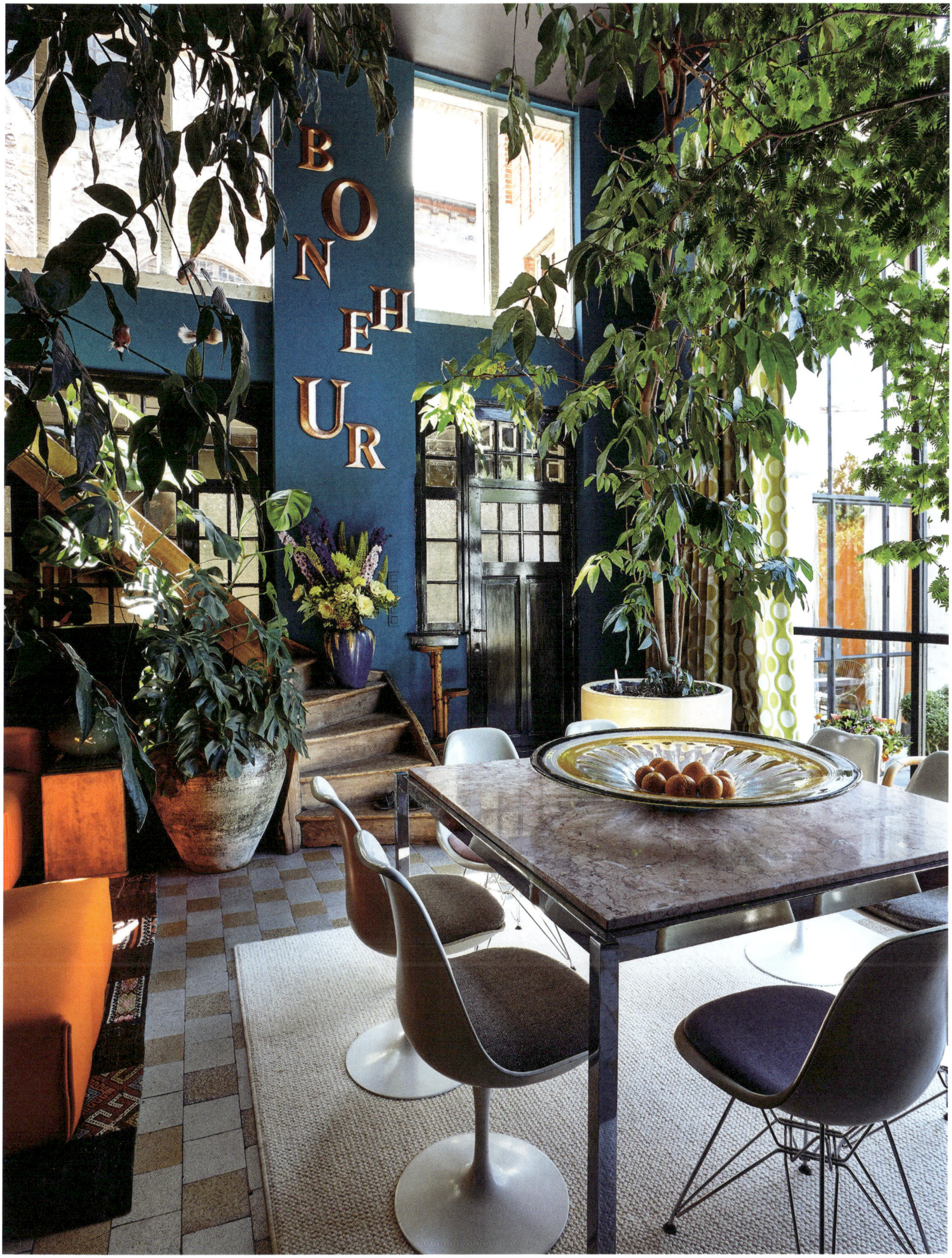
BONHEUR

NL In de leefruimte van Raf Verwimp staan metershoge bomen uit het oerwoud. Daartussen is er heel wat te zien, want Raf houdt van een vol en barok interieur. Er mogen dan wel geen papegaaien rondvliegen, dit huis lijkt op een junglehut. Toch ben je hier in Lier, een historisch stadje in de buurt van Antwerpen. Raf Verwimp is actief als bloembinder, maar ontwerpt ook objecten in glas, keramiek en hout voor het Nederlandse bedrijf Des Pots. Daarnaast is hij ook nog met persoonlijk werk bezig. Zijn eclectische interieur is een van zijn liefhebberijen. Iemand die creatief is moet niet te veel studeren maar doen, beweert hij. Hij komt overal, is nieuwsgierig en ontdekt altijd wel wat. Het liefst struint hij rond op de vlooienmarkt van Brussel of door de Kloosterstraat in Antwerpen. Deze jungleloft huist in een oud schoolgebouw. Daarin liet hij metershoge vensters aanbrengen die heel veel licht binnenhalen. Zijn interieurstijl is behoorlijk kleurrijk, oranje is zijn favoriete tint. 'Ik ben geen fan van strakke interieurs', legt Raf uit, 'voor mij zijn ze te rationeel, ik hou van een emotioneel interieur waarin je meteen kunt exposeren wat je vindt. Zo maak ik ook bloemboeketten, snel en spontaan, zonder te veel na te denken, op het gevoel dus.' Toch richtte hij zijn woning vrij functioneel in met een leuke mezzanine voor de slaaphoek, een kleine zithoek en de natte cel. Vandaar geniet hij van het ruimtezicht binnen en de oude kerk naast de deur.

Orange fever

EN
This is the ultimate jungle fever interior of the book: a sort of virgin forest. Only the parrots are missing. This is the biotope of florist Raf Verwimp. He renovated an old school building, which explains the high ceilings and large spaces. Verwimp dearly loves colours and unusual design. His bedroom is on the mezzanine above the living room.

NL
Dit is hét jungle fever-interieur van het boek: een soort oerwoudbos. Er vliegen net geen papegaaien rond. Dit is de biotoop van bloembinder Raf Verwimp. Hij verbouwde een oud schoolgebouw, vandaar de hoge zolderingen en grote ruimtes. Verwimp houdt zielsveel van kleur en ongewoon design. Op de mezzanine van de woonkamer heeft hij zijn slaapkamer ingericht.

FR
Voici pour terminer l'intérieur « fièvre de la jungle » : une sorte de forêt vierge. Il ne manque que les perroquets. C'est le biotope du décorateur floral Raf Verwimp. Il a transformé un ancien bâtiment d'école, ce qui explique les hauts plafonds et les espaces assez vastes. Verwimp adore les couleurs et le design insolite. Sa chambre à coucher est installée sur la mezzanine du living.

FR Dans le loft de Raf Verwimp se dressent de grands arbres tropicaux. Ils sont cependant loin d'être les seuls à meubler cet espace car Raf aime vivre dans un intérieur baroque plein d'objets en tous genres. Même si on n'y voit pas voler des perroquets, cette maison ressemble à une hutte en pleine jungle. Pourtant on est à Lierre, une petite ville historique non loin d'Anvers. Raf Verwimp n'est pas seulement artiste floral. Il crée aussi des objets en verre, en céramique et en bois pour l'entreprise néerlandaise *Des Pots*. En dehors de cela et d'autres activités personnelles, il se passionne pour son intérieur éclectique. Il prétend qu'une personne active ne doit pas trop réfléchir, mais agir. Il se rend partout, est curieux et multiplie les découvertes. Pour chiner, il se rend de préférence au marché aux puces de Bruxelles ou à la Kloosterstraat à Anvers. Ce « jungle loft » est aménagé dans un ancien bâtiment d'école qu'il a doté de fenêtres hautes de plusieurs mètres afin d'y laisser pénétrer un maximum de lumière. Son intérieur est chatoyant mais sa couleur préférée est l'orange. « Je ne suis pas un fan des intérieurs austères, trop rationnels à mon goût », raconte Raf. « J'aime un intérieur émotionnel où l'on peut exposer d'emblée tout ce qu'on trouve. Quand je compose des bouquets par exemple, je le fais sans trop réfléchir, en me laissant tout simplement porter par mon intuition. » Toutefois, il a aménagé sa maison de manière plutôt fonctionnelle avec une agréable mezzanine où il a installé une chambre à coucher, un petit salon et une salle de bains. De là, il jouit d'une splendide vue sur l'espace en contrebas et sur la vieille église située à deux pas.

Orange fever

EN
Two intimate spaces: the bedroom and the garden room near the patio. Notice the original rattan furniture from the Fifties: It matches the floor and brightly couloured walls perfectly. An exciting, intimate decor.

NL
Twee intieme hoeken: de slaapkamer en de tuinkamer naast het terras. Let ook op het originele rotanmeubilair uit de jaren 1950: het past perfect bij de vloer en de fel getinte wanden. Een opwekkend en tegelijk intiem decor.

FR
Deux coins intimes : la chambre à coucher et la pièce en rez-de-jardin à côté de la terrasse. Observez le mobilier original en rotin, des années 1950 : il se marie parfaitement avec le carrelage et les murs aux teintes vives. Quel décor tonifiant et intime !

Orange fever

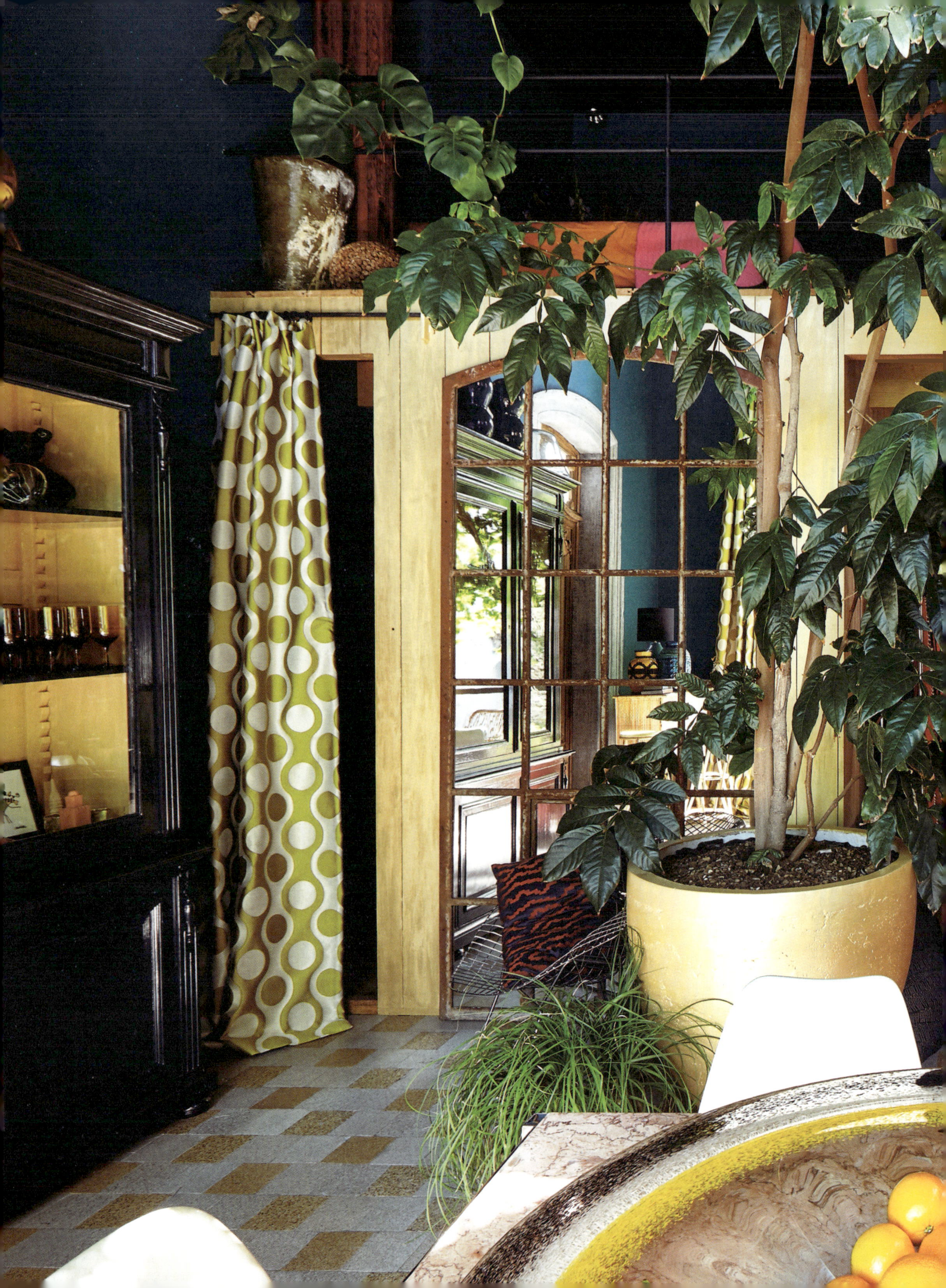

TEXT
Piet Swimberghe

PHOTOGRAPHY
Jan Verlinde

EDITING
Ann Brokken,
Michèle Tys
& Lyrco

FRENCH TRANSLATION
Dirk Valcke

ENGLISH TRANSLATION
Marguerite Storm

BOOK DESIGN & TYPESETTING
Sven Beirnaert

Lannoo Publishing, Tielt, 2015
D/2015/45/265 – NUR 450-454
ISBN: 978 94 014 2795 1

All rights reserved. No part of this
publication may be reproduced or
transmitted in any form or by any
means, electronic or mechanical,
including photocopy, recording or any
other information storage and retrieval
system, without prior permission in
writing from the publisher.

www.lannoo.com

Register on our website to regularly
receive our newsletter with new
publications as well as exclusive offers.
If you have observations or questions,
please contact our editorial office:
redactiekunstenstijl@lannoo.com.

Registreer u op onze website en we
sturen u regelmatig een nieuwsbrief
met informatie over nieuwe boeken
en met interessante, exclusieve
aanbiedingen. Als u opmerkingen
of vragen heeft, dan kunt u contact
opnemen met onze redactie:
redactiekunstenstijl@lannoo.com.

Inscrivez-vous sur notre site Internet
pour recevoir régulièrement notre
bulletin d'information présentant nos
nouvelles parutions ainsi que des offres
exclusives. Si vous avez des remarques
ou des questions, n'hésitez pas à
prendre contact avec notre redaction:
redactiekunstenstijl@lannoo.com.